전국재의 놀이 백과 시리즈 ❹

삶의 지혜가 녹아 있는

우리나라의
민속·골목 놀이
161

전국재의 놀이 백과 시리즈 ❹

삶의 지혜가 녹아 있는

우리나라의
민속·골목 놀이
161

글·그림 **청소년과 놀이문화연구소 전국재**

시그마북수
Sigma Books

전국재의 놀이 백과 시리즈 ❹

삶의 지혜가 녹아 있는
우리나라의 민속·골목 놀이 161

발행일 2014년 11월 10일 초판 1쇄 발행
        2019년 12월 16일 초판 2쇄 발행
글·그림 청소년과 놀이문화연구소 전국재
발행인 강학경
발행처 시그마북스
마케팅 정제용
에디터 장민정, 최윤정
디자인 최희민, 김문배

등록번호 제10-965호
주소 서울특별시 영등포구 양평로 22길 21 선유도코오롱디지털타워 A402호
전자우편 sigmabooks@spress.co.kr
홈페이지 http://www.sigmabooks.co.kr
전화 (02) 2062-5288~9
팩시밀리 (02) 323-4197

ISBN 978-89-8445-592-4 (04370)
        978-89-8445-432-3(세트)

놀이가 얼마나 위대하고 놀라운 힘이 있는지 한 예를 들어서 나누고자 합니다. 지난해 베들레헴 YMCA에서 전직원을 대상으로 치유를 목적으로 한 2박 3일의 프로그램을 맡아 달라는 부탁을 받고 2014년 2월 이스라엘을 방문했습니다. 이미 논의된 일이지만 집단을 시작하기 전에 YMCA 사무총장과 만나 전 과정을 상담이나 치료가 아닌 놀이로 진행하기로 재차 확인했습니다.

이 집단은 내가 만난 집단 중에 가장 힘든 집단이었습니다. 참가자 전원이 치유 프로그램을 담당하는 전문 상담가와 사회복지사들이었습니다. 집단구성원은 무슬림과 기독교인이 7대 3이었고, 성비도 남녀가 3대 7이었습니다. 소진에서 벗어나 치유와 회복을 이루고자 하는 것이 집단의 목표였습니다. 그것도 내가 영어로 말하면 현지인이 아랍어로 통역해야 하는 번거로움을 극복해야 했습니다. 그것도 놀이를 말입니다.

2014년 2월 10일, 집단은 이렇게 여리고 인터콘티넨탈 호텔에서 시작되었습니다. 그날부터 3일 내내 실로 놀라운 일이 벌어졌습니다. 남녀가 함께 집단을 이룰 수도 없고 손도 잡을 수 없는 무슬림 사람들, 그리고 그리스도인들이 놀이세계에 몰입하면서 함께 춤추고 노래하고 웃고 울고 뒹굴면서 정신없이 뛰놀며 사흘을 보냈습니다. 그야말로 감격, 흥분, 기쁨이 어우러진 광란의 사흘이었습니다.

참가자들은 모두가 20대부터 60대에 이르는 성인들이었지만 그들은 그야 말로 어린이들이었습니다. 모두가 어린이로 돌아갔던 것입니다. 일평생 분쟁 지역에서 살면서 잃어버렸던 어린 세계를 되찾는 감격을 느끼며 모두들 놀라워했습니다. 이스라엘군이 쏜 총탄에 맞아서 머리 한쪽이 함몰된 참가자가 나를 껴안으면서 "어린 시절로 돌아간 기분이어서 너무나 행복하다"며 감격해했습니다. 이것이 놀이의 힘입니다. 놀이가 종교, 인종, 성별, 나이, 문화를 극복하고 모두가 행복하고 즐거운 공동체로 초대했던 것입니다.

나는 우리나라의 민속놀이에서 수많은 교훈들을 하나씩 발견하고 깨우칠 때마다 놀라움을 금치 못했습니다. 민속놀이는 값진 보화들이 가득 찬 보물 상자인 것이 분명했습니다. 그런데 그런 보물들이 우리나라 민속놀이에만 담겨져 있는 것으로 착각했습니다. 다른 문화에 대한 제 경험이 일천했기 때문이지요. 몽골, 중국, 말레이시아, 보르네오 섬 깊은 정글 등과 같은 여러 아시아 국가, 아프리카 어린이들, 그리고 베드윈족 어린이들을 만나면서 놀이는 어찌 그리 똑같은지 놀라지 않을 수 없었습니다. 말과 문화가 달라도 놀이를 하는 어린이들의 마음, 생각, 느낌, 모습들에는 한결같은 놀이세계가 있다는 사실을 깨닫게 되었습니다.

이 놀이 백과 시리즈 4권은 각각 우리나라 민속·골목 놀이를 담았습니다. 여기에 소개하는 놀이들은 대부분 발품을 팔면서 찾아낸 놀이가 아니라는 아쉬움이 있습니다. 또한 내가 민속놀이 전문가가 아니라는 한계를 가지고 있습니다. 하지만 꽤 오랜 세월 동안 지속적으로 관심을 가지고 문헌과 현장을 찾아다니며 알게 되었고 실제로 해보고 느낀 놀이들입니다.

날로 잊혀 가고 있는 이 놀이들이 공부에 찌들려 자신의 생각, 느낌, 표현, 경험, 세계를 빼앗겨버려서 불행한 어린이들이 자기를 찾아 행복해지는 데 도움이 되기를 간절히 바랍니다. 또한 온 세상 어린이들이 놀이에서 하나 되어 모두 행복하고 즐겁고 안전하고 평화로운 공동체를 이루는 데 밑거름이 될 수 있기를 바라는 바입니다. 분명 놀이만이 유일한 해답입니다.

참고로 이 책에서는 지금까지 놀이 백과 1~3권에서 사용한 연령, 놀이 장소, 집단의 크기, 놀이 대형에 관한 표시를 하지 않았음을 알려드립니다. 전부가 어린이들 놀이지만, 그렇다고 어린이들만이 할 수 있는 놀이가 아닌, 남녀노소 연령 구분 없이 함께 즐길 수 있는 놀이라는 점을 기억해 두시기 바랍니다.

청소년과 놀이문화연구소의 간사들, 특히 지금 몽골에서 어린이들과 신나게 놀고 있을 김민지 간사에게 고마움을 전합니다. 놀라우리만치 섬세한 교정으로 거친 글을 멋진 글로 탈바꿈해주신 시그마북스 임직원분들께 진심으로 감사의 마음을 전합니다.

둥걸 전국재

Contents

놀이에 대한 10가지 입장

이 책에 담겨진 놀이들은 모두 다음의 10가지 신념에 기초하고 있습니다.

하나, 놀이는 자발적으로 참여하는 사람만이 즐길 수가 있습니다.
놀이는 스스로 즐기는 것입니다. 자발적으로 참여한 사람들만이 놀이 안에서 자유, 행복, 기쁨, 즐거움, 이웃과의 감격스런 만남을 경험하게 됩니다. 놀이지도자는 스스로 즐길 수 있도록 그들에게 동기부여를 하고 놀거리와 놀이터를 제공해주는 도움자요 촉진자의 역할을 합니다. 놀이하는 사람은 관람자가 아니라 놀이터의 주인공입니다.

둘, 놀이는 사람들과의 참만남, 사귐, 나눔, 섬김, 그리고 돌봄의 기쁨을 선사합니다.
놀이하는 사람들은 모두 이 세상에 하나밖에 없는 특별하고 소중한 존재입니다. 참가자들은 경쟁하거나 비교하지 말고 서로의 다른 점을 즐기고 나눌 수 있어야 합니다. 이 책에서 소개한 놀이들은 모두 비경쟁 협동놀이입니다. 놀이를 즐기면서 참가자들이 진정한 만남, 사귐, 나눔, 섬김, 그리고 돌봄이 이루어질 수 있기를 바랍니다.

셋, 놀이규칙은 엄격히 지켜지고 존중해야 합니다.

규칙이 없고, 있어도 지켜지지 않는 놀이는 아무런 유익이 없습니다. 규칙은 놀이를 구속하는 것이 아니라 참된 즐거움을 가질 수 있도록 도와주고 절제의 미덕을 가르쳐 줍니다. 놀이에서 규칙은 사람들 사이의 진솔한 만남과 사귐이 이루어지도록 하는 데 반드시 필요한 조건이고 공동의 약속입니다.

넷, 놀이는 그 자체가 목적이 되어야지 의도적이거나 조작적이어서는 안 됩니다.

놀이의 목적은 놀이 자체를 즐기는 데 있습니다. 어린 시절 맘껏 뛰놀면서 자유, 기쁨, 만남, 나눔을 맛본 사람은 이웃과 더불어 사는 기쁨을 누리는 넉넉하고 행복한 사람으로 자라나게 됩니다. 놀이에 어떤 의도적인 목적이 있어서는 안 됩니다. 놀이하는 사람이 제멋에 따라 맘껏 즐기도록 놓아두면 그때 비로소 놀이가 가진 교육적, 상담적, 치유적인 힘이 발휘됩니다.

다섯, 놀이하는 사람들의 내적 동기를 촉진하려면 경쟁이 아니라 협동해야 합니다.

놀이에는 대부분 경쟁적인 요소가 있습니다. 하지만 경쟁이 목적이 되다 보면 의미는 사라지게 되고 이기고 지는 허상만 남게 됩니다. 경쟁은 인간관계에 심각한 손상을 줍니다. 규칙을 인정하고 함께 존중하는 놀이에서는 이기고 지는 것이 크게 문제가 되지 않습니다. 경쟁을 하면서 놀이규칙을 존중하고 잘 지키면, 사람들은 거기에서 만남과 사귐, 그리고 나눔을 경험하게 됩니다.

여섯, 놀이에서 보상은 독약과 같습니다.

놀이에서 외적 보상은 도움이 되기보다는 오히려 해롭습니다. 이긴 사람(모둠)에게 상을 주는 것은 그보다 훨씬 중요한 내적 동기를 손상시키고 놀이의 본질을 왜곡시킵니다. 보상을 하더라도 타인과 비교하지 않으면서 참가자 개개인의 재능, 특성, 장점을 인식하고 지지하고 촉진하는 방향으로 조심스럽게 적용해야 합니다. 놀이에서 보상은 독약과 다를 바 없습니다.

일곱, 놀이는 결과보다 과정이 더 중요합니다.

일에는 목적이 있으며, 그것을 통해 어떤 성과를 기대합니다. 일은 외부로부터 강요되기도 하고 그 과정에서 고통을 수반하기도 합니다. 이에 반해 놀이는 어떤 목적을 위한 것이 아니라 놀이 자체가 목적이 되고 과정이 더욱 중요합니다. 다른 사람들과 비교당하는 데에서 자유로워지기만 해도 청소년들은 행복해질 수 있습니다. 자기가 직접 자기만의 방법으로 해볼 수 있도록 지지하고 존중할 때 청소년들은 비로소 제법에 따라 건강하게 성장할 수 있게 됩니다.

여덟, 놀이는 누구나 쉽게 즐기고 지도할 수 있어야 합니다.

놀이는 특별한 재능을 가진 전문가만의 전유물이 되어서는 안 됩니다. 놀이는 모든 사람들이 즐길 수 있고 누구나 지도할 수 있어야 합니다. 나는 지금까지 놀이로 돈벌이를 해서는 안 된다는 신념을 지켜왔습니다. 놀이가 어느 특정한 사람들의 전유물이 되어서는 안 됩니다. 놀이는 모든 사람들의 것입니다.

아홉, 놀이지도자는 참가자들과 함께하는 동반자이며 도움자이고 촉진자입니다.

노자는 "지도자는 국민들이 그가 있는지조차 모를 때 가장 훌륭한 지도자이다. 국민들이 순종하고 그를 환호할 때는 그리 훌륭한 지도자가 아니다. 국민들이 그를 경멸한다면 가장 나쁜 지도자이다. 그러나 훌륭한 지도자는 말도 거의 없이 할 일을 다 하고 목적을 완수했음에도, 오히려 국민들은 모두 우리가 스스로 이 업적을 성취했다고 말할 것이다"(도덕경 19장)라고 하였습니다. 놀이지도자는 참가자들과 함께 즐기는 동반자이며 그들을 도와주고 후원하고 촉진하는 사람입니다.

열, 놀이는 어린이뿐만 아니라 남녀노소 모두가 함께 어울릴 수 있어야 합니다.

어린이의 마음을 가진 사람이라면 누구나 놀이를 즐길 수 있습니다. 문제는 어린이의 마음을 잃어버린 어른들이 많다는 데 있습니다. 이러한 점에서 이 책에서는 연령층을 엄격하게 구분하지 않고 있습니다. 참가자와 모임의 성격에 알맞은 놀이를 찾고 준비하는 일은 지도자가 감당해야 할 몫입니다.

　나는 마음이 병들고 지친 청소년들이 순식간에 놀이세계에 빠져들어 무아지경에서 내면의 진정한 자기를 만나고 건강해져 가는 모습을 현장에서 수없이 목격했습니다. 그래서 나이가 들수록 놀이를 대하는 태도가 더욱 진지해져만 갑니다. 놀이야말로 이 나라 청소년들을 살려낼 수 있는 유일하고도 확실한 대안입니다. 놀이는 어린이와 청소년들이 마땅히 누려야 할 권리이고 특권입니다. 놀이는 교육, 상담, 치료보다 훨씬 더 본질적인 가치를 가지고 있습니다. 놀이는 청소년들의 삶 그 자체입니다. 청소년들에게 문제가 있어서 병이 들고 문제 청소년이 되는 것이 아닙니다. 청소년들에게서 그들이 마땅히 누려야 할 특권인 놀이, 곧 삶을 부당하게 박탈했기 때문입니다. 사람이 있는, 그래서 사람과 사람이 만나서 서로를 느끼고 소중히 여기며 함께 어울려 사귐과 나눔을 가지면서 나를 알아가고 다른 사람들과 더불어 사는 지혜를 키워나가는 그런 신 나는 놀이터가 그리워집니다. 이제 그런 신 나는 놀이터로 함께 나아갑시다.

민속놀이가 들려주는 12가지 지혜

요즈음 어린이들은 제대로 놀 줄을 모릅니다. 놀고 싶어도 어떻게 놀지를 모르고, 놀 수 있는 시간도 여유도 없습니다. 또한 놀이를 함께할 친구들도 없는 삭막한 세상이 되어버렸습니다. 실컷 놀고 싶어 하면서도 정작 공부에 대한 부담감 때문에 불안한 마음에 마음 편하게 놀지도 못합니다. 예전에는 잘 노는 아이가 건강하다고 했는데, 요즘은 반대로 놀면 놀수록 오히려 병들어 가는 사회가 되어버렸습니다. 청소년들의 영혼을 파멸시키는 그 주범이 바로 컴퓨터와 인터넷 게임입니다.

나는 일평생 교육자로서 청소년들에게 놀이를 돌려주기 위해 심혈을 기울여 왔습니다. 그동안 놀이와 캠핑에 관한 저서들을 수십 권 펴냈으며, 청소년과 놀이문화연구소를 통해 놀이운동을 전개해 왔습니다. 그러는 가운데 어린이들에게 놀이를 할 수 있는 기회와 놀잇거리를 제공해주기만 해도 놀이세계에 빠져들어 순식간에 살아나는 청소년들을 늘 만나고 있습니다. 특별한 전문적 지식이나 도움이 필요한 것도 아닙니다. 스스로 놀 수 있도록 그냥 가만히 놓아두면, 그들은 놀이에서 한동안 잊어버렸던 진정한 자기를 찾아갑니다.

민속놀이는 소중한 놀이정신이 가득 담겨져 있는 보물창고입니다. 그 놀이정신은 지금도 여지없이 유효하여 나는 어린이들을 그 놀이 자리에 초대하고 있습니다. 어린이들이 '숨바꼭질, 자치기, 오리망, 전쟁 놀이, 돌싸움, 말타기, 줄넘기, 구슬치기, 땅따먹기, 딱지치기, 돼지불알, 다방구, 달팽이, 우리집에 왜 왔니, 무궁화꽃이 피었습니다'와 같은 놀이를 하는 곳에서 그들을 만나고 있습니다. 다음은 내가 민속놀이에 담긴 교훈을 12가지로 요약한 것입니다.

하나, 민속놀이에서는 놀이하는 사람이 주인공이 됩니다.

어린 시절 우리는 팽이, 제기, 꽈리, 풀피리, 산가지, 연, 윷, 딱지, 자치기, 바람개비, 고누 등 수많은 놀이기구들을 직접 만들어서 놀았습니다. 그러다 보니 놀잇거리가 없어서 놀지 못하는 일은 상상조차 할 수 없는 일이었습니다. 놀잇감을 만드는 것부터가 놀이였고 그런 과정에서 어린이들은 창의성을 키워나갔습니다.

우리나라 민속놀이의 7할 이상이 오징어, 말치기, 십자돌기, 8자놀이, 달팽이 등과 같이 땅바닥에 줄을 긋기만 하면 즐길 수 있는 놀이들입니다. 예전에는 오늘날처럼 상품화된 장난감이 거의 없었습니다. 놀이하는 사람이 주인공이 되는 민속놀이에는 인간 존중의 지혜가 녹아 있습니다.

이와는 달리 오늘날의 놀이 환경은 예전과 판이하게 다릅니다. 컴퓨터·인터넷 게임부터 시작하여 보드게임, 장난감들은 모두 돈을 내고 구입해야 하는 상품화된 게임들입니다. 직접 만들 수 있는 놀이기기는 찾아볼 수 없게 되어서 돈이 없으면 아예 놀 수조차 없습니다. PC방이나 노래방도 마찬가지로 돈을 지불해야 놀 수 있습니다. 민속놀이는 놀이하는 사람이 주인공이 되어 놀잇감을 직접 만들어 놀면서 놀이를 지배하고 통제할 수 있었는데, 오늘날의 청소년들은 오히려 게임의 노예가 되어버리고 말았습니다.

둘, 민속놀이에서 사람들은 자기 주도적으로 참여하여 즐깁니다.

자녀를 둔 부모 세대의 어른들은 어린 시절 친구 집 대문 앞에서 "얘들아, 놀자!"라고 외쳐 본 기억이 있을 것입니다. 아이들은 자기가 놀고 싶을 때 놉니다. 억지로 놀 수도 없고 다른 사람들이 강제로 놀라고 할 수도 없습니다. 놀이는 자아가 건강한 사람만이 누릴 수 있는 것입니다. 놀이는 타인에 의해 강요당할 수 없으며, 전적으로 내적 동기가 발현될 때 하게 됩니다. 내적 동기에서 비롯되어 행동하는 사람은 자기 행동에 대해 책임을 질 줄 압니다. 놀이가 청소년들이 자기주도적인 책임감 있는 사람으로 성장하는 데 반드시 필요한 이유가 여기에 있습니다. 오늘날 교육의 가장 큰 고민거리인 학습자의 자기주도적 참여와 책임의식을 해결하는 데 민속놀이가 분명한 길을 알려주고 있습니다.

셋, 숲, 개울, 그리고 들녘 등 자연에서 놀이를 즐겼습니다.

도시 어린이들은 거의 모든 시간을 집과 학교에서 살아가기 때문에 자연과 만날 수 있는 기회가 별로 없습니다. 『자연에서 멀어진 아이들』의 저자 리처드 루브는 사람의 정신·신체·영적인 건강은 자연과 밀접한 관련이 있다고 했습니다. 사람이 자연과 멀어지면 '자연결핍장애'가 발생하는데, 감각이 둔화되고 폭력적이 되고 주의집중력 결핍과 육체적·정신적 질병의 발병률이 증가합니다. 자연결핍장애는 아토피성 피부질환, 우울증, 자폐증, ADHD(주의력결핍 및 과잉행동장애) 등의 원인이 됩니다. 이 밖에 도시 청소년들의 스트레스, 비행과 일탈, 범죄, 약물남용, 자살 등은 모두 자연결핍장애와 관련이 있다고 하였습니다.

인간과 자연과의 관계를 연구한 웰즈와 에반스는 자연환경이 풍부한 곳에 사는 아이들은 그렇지 않은 아이들에 비해 스트레스를 덜 받으며, 스트레스를 크게 받은 아동일수록 자연에서 얻는 위안의 효과가 크다는 사실을 밝혀냈습니다. 아이들의 집과 집 주변의 자연환경의 정도를 구분하여 그 아이들의 행동과 심리 상태를 검사한 결과, 자연환경 속에서 사는 아이들은 자연을 접하기 힘든 곳에 사는 아이들보다 행동장애, 불안, 우울증 정도가 훨씬 더 낮았습니다. 또한 자연이 더욱 풍부한 환경에서 사는 아이들일수록 자존감이 높고 스트레스와 불행에 잘 대처한다는 것입니다. 자연에서 시간을 보내다 보면 대인관계도 좋아지고 그로 인한 사회적 지지가 높아지는 데 그 원인이 있는 것으로 보았습니다. 도시의 청소년들에게 나타나는 질병과 병폐의 근원은 자연과 단절되어 버린 결과인 것입니다. 자연은 신 나는 놀이터이고, 놀잇감이며, 친구입니다.

넷, 민속놀이는 공동체 정신을 가지고 있습니다.
우리나라 민속놀이의 9할 이상이 공동체 놀이여서 혼자 즐기는 놀이는 거의 없습니다. 민속놀이는 원래 경쟁하는 놀이가 아닙니다. 대부분의 사람들은 경쟁 없이 어떻게 놀 수 있느냐고 의아해합니다. 사실 경쟁적 요소가 없는 놀이가 거의 없지만 경쟁은 놀이의 조건이고 환경인 것일 뿐 경쟁 자체가 목적이나 결과물이 되어서는 안 됩니다. 따라서 경쟁하는 것을 목적으로 삼거나 경쟁을 결과에 결부시키지만 않으면 격렬한 경쟁 가운데서도 사람들 간에 만남과 사귐이 이루어지고 공동체를 실현할 수 있습니다. 민속놀이에는 소중한 공동체 정신이 담겨져 있습니다. 선조들은 명절에 온 동네 사람들이 한자리에 모여 놀이를 즐기면서 하나 됨을 느끼고 공동체 의식을 공고히 다져왔습니다. 우리 조상들은 군이 명절이 아니어도 수시로 씨름판과 같은 놀잇거리를 만들어서 난장을 벌이곤 하였습니다.

다섯, 민속놀이에서는 남녀노소 모두 함께 어울리며 즐깁니다.

우리나라 '놀이'가 가진 의미는 플레이(play)와는 상당히 다릅니다. 플레이를 유아기의 본능적 행동양태로 보고 있으나, 우리의 놀이는 어린이들만의 전유물이 아니라 남녀노소 구분 없이 즐기는 모두의 것으로 보았습니다. 그래서 우리 민속놀이에서는 놀이가 어린이들만 하는 것이 아니라 남녀노소 모두가 한데 어울려 즐깁니다. 어린이들은 어른들 사이에 끼어 놀면서 일체감과 함께 더불어 사는 지혜를 익혔으며, 어른들로부터 삶의 지혜와 예절의 미덕을 자연스럽게 배워나갔던 것입니다. 우리의 놀이는 게임, 플레이, 레크리에이션, 그리고 레저의 의미를 모두 품어도 넉넉할 만큼 그 정신이 얼마나 크고, 깊고, 넓은지 모릅니다.

여섯, 민속놀이에는 매우 격렬하고 과격한 놀이들이 많습니다.

그 대표적인 예로 돌싸움을 들 수 있습니다. 돌싸움은 약속 장소에서 각자 진영을 정하고 상대방 사람들을 주먹만 한 돌을 던져서 맞추는 살벌한 패싸움입니다. 이렇게 무시무시한 돌싸움을 벌이다 보니 부상자가 속출하였고 어떤 때는 돌에 맞아서 사람이 죽기까지 했다고 합니다. 그런데 이렇게 돌싸움을 벌이다가 사망자가 발생했어도 가해자에게 아무런 처벌도 하지 않았던 것은 주목할 만한 일입니다. 불행한 일이기는 하지만 그렇다고 놀다가 벌어진 일이었으니 그냥 넘어갔던 것입니다. 놀이라는 허구 세계에서 벌어진 일을 현실 세계에까지 들어와서 문제 삼고 책임을 묻는 것은 옳지 않다고 보았던 것입니다. 마을 간에 벌어진 돌싸움이 진짜 싸움으로 번지지 않았던 것도 이러한 맥락에서 이해할 수 있습니다. 일단 돌싸움을 마치면 이웃 마을 사람들은 아무 일도 없었던 것처럼 일상으로 돌아갔습니다. 기록에 의하면 돌싸움은 전국 각처에서 하던 놀이었는데 일제 강점기에 일본 경찰이 강제로 금지시켰다고 합니다. 한국인들의 혈기왕성함과 용맹스러움을 보고 무서웠던 것이었겠지요.

돌싸움 정도는 아니어도 길 내기, ㄹ자 놀이, 사다리 놀이, 7자 놀이, 칸막기, 오징어, 개뼉다귀, 돼지불알, 기마전 같은 놀이들도 상당히 과격합니다. 어린이들은 두 패로 갈라서 상대방 사람들을 세게 밀치고, 당기고, 치고 받고 하는 놀이들입니다. 이런 놀이를 하다보면 넘어져서 무릎이 터지고, 팔꿈치가 깨져서 피가 나고, 옷이 찢어지고, 울고, 실제로 싸움이 벌어지기도 합니다. 이렇게 격렬하게 몸싸움을 벌이면서 어린이들은 도전적이고 패기

왕성한 사람으로 성장했습니다. 그러면서 다른 사람들과 화해하고 타협하면서 살아가는 지혜를 배워나갈 수 있었던 것입니다.

원래 놀이에는 위험한 요소가 있습니다. 어린이들은 위험하니까 그 놀이를 하는 것이지 위험하지 않으면 싱거워서 놀 맛이 나지 않습니다. 아이들은 모험에 도전하여 이를 극복하면서 성취감을 즐기고 자기 존재를 만끽합니다. 성장통이란 말이 그래서 나왔는지도 모릅니다. 이러한 점에서 위험하다는 이유 때문에 아이들이 아예 놀지 못하도록 막는 것은 문제입니다. 이렇게 보호만 받고 자란 아이는 장차 소심하고 수동적인 미성숙한 사람이 될 수밖에 없습니다.

일곱, 민속놀이는 원래 경쟁이 아니라 비경쟁·협동놀이입니다.

우리나라 민속놀이는 원래 경쟁놀이가 아니라 비경쟁·협동놀이였습니다. 어린 시절 친구들과 놀다가 지면 '또 하자'고 하든지 '한 번 더 하자'라고 졸라서 이길 때까지 계속 하곤 했었습니다. 그런 놀이들이 모두 경쟁놀이입니다. 격렬한 경쟁 가운데서도 협동놀이가 될 수 있었던 것은 승패의 결과에 대해 어떤 보상이 없었기 때문입니다. 놀이에서 경쟁적 요소는 놀이의 조건과 환경일 뿐입니다. 놀이에서 이기고 지는 것은 별로 문제가 되지 않습니다. 승패에 따라 보상과 벌이 주어지므로 문제가 되는 것입니다. 놀이규칙을 상호 존중하고 준수하면 격렬히 경쟁하면서도 만남과 사귐이 가능합니다. 우리 민속놀이에는 계속 져서 상심한 아이를 놀이판에 깍두기로 슬쩍 껴주는 따스한 공동체 정신이 깃들어 있습니다. 요즘 청소년들은 대부분 놀이 전에 "이기면 상품 주나요?"라고 물어봅니다. 외적인 보상을 받는 순간 놀이는 변질되어 진정한 재미와 즐거움은 사라져버립니다. 결과와 무관하게 놀이를 즐기고 사람들이 행복하고 즐거운 만남과 사귐을 가지게 하기 위해서는 상품으로 경쟁을 부추기는 기만적인 행동을 당장 그만 두어야 합니다.

여덟, 민속놀이에는 나라와 민족을 사랑하는 정신이 배어 있습니다.

강강술래, 타구 등 그 유래를 더듬어보면 그 안에는 민족을 사랑하는 정신이 깃들어 있습니다. 그 대표적인 예가 화랑도입니다. 화랑들은 공동체를 이루어 전국 산하를 돌아다니면서 가무유희를 즐기는 가운데 자기를 세워나갔으며, 가족과 이웃에 대한 책임과 애국 애족의 정신을 키워나갔습니다. 그 결과 화랑들은 통일 신라의 주역이 될 수 있었습니다. 놀이를 통해 나라와 민족에 대한 사랑과 정신을 일깨웠던 선조들의 놀이정신을 계승하는 것이 시급한 때입니다.

아홉, 민속놀이에는 두레와 품앗이 정신이 살아 있습니다.

민속놀이에는 어려운 이웃을 헤아리고 돌보는 봉사정신 정신이 담겨 있습니다. 한가윗날 가졌던 거북놀이가 그런 놀이 중 하나입니다. 질라아비(길잡이를 의미하는 말)가 수숫대나 볏짚으로 엮어 만든 거북이 등을 씌운 사람을 앞세우고 온 마을을 돌아다녔습니다. 그 뒤로 마을 사람들과 아이들이 따라 다녔으며 온종일 이집 저집을 다니면서 차려놓은 음식과 막걸리를 먹고 마시며 신명 나게 즐겼습니다. 이렇게 하여 마을 안 모든 집들을 찾아다니면서 십시일반으로 풍성하게 모은 햇곡식과 과일을 동네 어른들이 의논하여 농사를 망쳤거나 특별히 형편이 어려운 이웃들에게 나누어주었습니다. 신명나게 놀면서도 은연중 이웃을 보살피고 먹을 것을 나누는 훈훈한 명절이 되었습니다. 어린아이들은 이웃을 살피고 더불어 사는 어른들의 품앗이 정신을 즐기는 가운데 자연스럽게 배워나갔습니다.

열, 민속놀이 규칙은 엄격하면서도 융통성이 있습니다.
규칙 없이는 놀이가 존재할 수 없습니다. 민속놀이에는 절대적인 영향을 미치는 고유한 규칙이 있어서 엄격하게 지켜지고 있습니다. 주목할 사실은 어린이들이 규칙을 의논하여 동의 과정을 거쳐 스스로 정한다는 점입니다. 규칙은 엄격하면서도 상황에 따라 융통성이 있습니다. 놀이를 하다가 아이들끼리 서로 옥신각신하는 일이 자주 벌어집니다. 그러면서 그들은 놀이규칙을 의논하여 바꾸기도 합니다. 그들은 옥신각신 다투고 옳고 그름을 가리고 타협하면서 놀이를 이어갑니다. 우리나라 민속놀이에는 인간미가 있습니다.

열하나, 민속놀이에는 지도자가 따로 없습니다.
놀이는 하는 사람이 스스로 참여하여 제법대로 하게 됩니다. 어린이들이 노는 자리에 성인 지도자가 없었습니다. 어린이들은 논의를 거쳐 합의한 규칙을 준수하기로 약속하고 이를 존중했기 때문에 어른들의 통제가 필요 없었던 것입니다. 어린이들 사이에 지도자가 따로 있었던 것도 아닙니다. 그들은 스스로 규칙을 정했으며 그러다가 다툼이 일어나면 이를 조율하고 타협하면서 놀이를 이어갔습니다. 어린이들은 비로소 규칙, 자유, 그리고 자율이 무엇인지 이해할 수 있게 되고 한 발짝 한 발짝 절제의 미덕을 갖춘 자기주도적인 책임 있는 인격체로 성장해 나갈 수 있었습니다.

열둘, 민속놀이는 몸이 참여한 전인교육입니다.

민속놀이 치고 몸을 움직이지 않고 할 수 있는 놀이는 거의 없습니다. 생각하기 전에 몸이 먼저 움직이는 놀이들이었습니다. 그런데 컴퓨터나 인터넷 게임은 전혀 그렇지 않습니다. 의자에 꼼짝 없이 앉아서 모니터를 응시하고 키보드만 두드리면 됩니다. 손가락 외에는 몸을 전혀 움직일 필요가 없습니다. 이 밖에 유행하는 진실게임이나 마피아게임 같은 게임들도 마찬가지로 머리만 굴려서 하는 것들입니다.

　원래 우리나라 교육의 목적은 지덕체가 온전한 조화를 이룬 통합된 전인(全人) 완성에 있습니다. 그중에서 가장 우선적인 것이 덕육(德育)이었지요. 무엇보다도 건강한 인격과 올바른 품성을 갖춘 인간이 되어야 한다는 것입니다. 그런 다음 체육(體育)으로 건강한 몸을 갖추고 나서 그 위에 지육(智育), 즉 지식을 쌓아야 한다고 보았습니다. 올바른 인격과 가치관을 갖추고 신체적으로 건강하지 않은 상태에서 지식만 쌓인 사람은 본인에게 덕이 되지 않을 뿐만 아니라 다른 사람들에게 도리어 해롭다고 보았습니다. 상급학교 진학이라는 명분에 밀려 인성교육과 체육이 실종되어 버린 오늘의 제도교육의 문제가 여기에 있습니다. 영·혼·몸 중에서 어느 한 영역에서 문제가 생기면 그 부분만 병드는 것이 아니라 사람 자체가 병들어 버리고 심하면 죽게 됩니다.

이런 맥락에서 이를 역으로 생각하면, 문제가 있는 영역에 활기를 불어넣으면 그 영역만 살아나지 않고 사람 전체가 살아나게 됩니다. 그러므로 지치고 병든 몸을 일깨워주면 몸만 살아나지 않고 영과 혼이 더불어 힘을 받아 사람 전체가 건강을 회복하게 되는 것입니다. 오늘날 전인교육에서 체육을 중요시해야 하는 이유가 여기에 있습니다.

지금까지 민속놀이에 담겨진 놀이정신과 교육적 의미를 간단하게나마 알아보았습니다. 어린 시절에 가족이나 형제들과 같이 중요한 타자들로부터 사랑을 충분히 받고 자란 사람이 사랑스럽고 사랑할 줄 아는 사람으로 성장한다고 합니다. 이와 마찬가지로 행복을 경험해본 아이가 행복을 꿈꿀 수 있고 장차 어른이 되어서도 행복해질 수 있습니다. 행복을 경험해보지 못한 사람이 행복한 사람이 되기란 쉽지 않습니다. 즐거움과 행복은 이성과 사고의 영역이라기보다는 직접 경험하고 느껴야만 알 수 있는 감성의 세계입니다. 그러므로 놀아본 사람이라야 즐거움과 행복을 느끼고 앞으로도 누릴 수 있는 것입니다. 행복을 느껴본 사람이 장차 행복을 꿈꾸고 행복해질 수 있습니다.

놀이는 어린이들의 삶이고 권리이며 특권입니다. 우리는 그들에게 놀이를 보장해주어야 할 의무가 있습니다.

그물 놀이

인원수: 15~30명

술래가 어린이들을 쫓아가서 손으로 칩니다. 술래에게 잡힌 친구는 술래와 함께 손을 잡고 그물을 만들어 뛰어다니면서 다른 사람을 잡습니다. 이렇게 하여 잡힌 사람은 술래와 손을 잡고 다녀야 하므로 시간이 지날수록 그물은 길어지게 되지요. 술래와 함께 그물이 된 친구들은 술래가 쉽게 잡을 수 있게 사람들이 도망치지 못하도록 몰아넣습니다. 열 맨 끝에 있는 술래만이 사람을 잡을 수 있으므로 어린이들은 그물 사이로 빠져나갈 수 있습니다. 이 놀이는 참가자 수에 따라 놀이구역의 크기를 정해 놓도록 하세요. 선 밖으로 나간 어린이는 잡힌 것으로 간주되어 그물이 됩니다.

고양이와 쥐

인원수: 15~20명

두 사람이 쥐와 고양이가 되고, 나머지 어린이들은 손을 잡고 원을 만듭니다. 시작되면 고양이는 쥐를 쫓아가서 쳐야 하는데, 원을 만들고 있는 다른 어린이들은 쥐가 고양이에게 잡히지 않도록 보호해 줍니다. 즉 쥐가 달려오면 손을 위로 들어주어서 원 안으로 통과시키고, 쫓아오는 고양이는 손을 내려서 막아줍니다. 그러다가 쥐가 잡히면 다른 어린이들이 쥐와 고양이가 되어서 다시 합니다.

29

4-003

잎 따기

인원수: 2~5명

어린이들이 아카시아 잎이 달린 줄기를 하나씩 따와서 잎의 수를 동일하게 만듭니다. 두 어린이가 가위바위보를 하거나 3~5명이 함께 가위바위보를 할 수도 있습니다. 이긴 어린이가 자기가 가진 아카시아 잎을 한 잎씩 떼면서 누가 가장 먼저 잎사귀를 모두 따버리는지 겨루는 놀이입니다.

자리 바꾸기

인원수: 20~30명

원을 인원수보다 하나 작게 그리고 술래를 제외한 나머지 어린이들은 원 안으로 들어가 서 있도록 합니다. 시작이 되면 어린이들은 일제히 '하나, 둘, 셋' 하고 외치면서 가장 가까운 원으로 달려가 원 안으로 들어갑니다. 이때 술래는 달려가는 어린이 중 한 친구를 잡습니다. 잡힌 사람이 술래가 되지요. 어린이들은 직선으로 달려가지 않아도 된답니다. 이 놀이는 2~3명이 한 원에 들어갈 수 있도록 하면 훨씬 더 혼란스러워지는데 그만큼 재미도 더해진답니다.

얼음 놀이

준비물: 고무공 **인원수:** 20~30명

술래를 제외한 모든 어린이들은 순서대로 번호를 불러서 고유번호를 한 개씩 가집니다. 술래가 한 지점에서 테니스공을 수직으로 하늘 높이 힘껏 던지면서 번호(또는 사람 이름)를 크게 외칩니다. 그러면 그 번호에 해당하는 어린이는 공중에 뜬 공을 향해 달려가서 떨어지는 공을 잡을 때 술래와 나머지 어린이들은 사방으로 멀리 도망칩니다. 낙하지점에서 공을 잡은 어린이가 "얼음" 하고 큰 소리로 외치면 달아나던 어린이는 그 자리에 멈추어 섭니다. 공을 가진 어린이는 공을 던져서 한 사람을 맞추고, 어린이들은 날아오는 공에 맞지 않도록 몸을 움직여서 피하거나 공을 잡아야 합니다. 그런데 표적이 된 어린이는 두 발을 땅바닥에서 떼지 않고 피해야 합니다. 이렇게 하여 공에 맞은 어린이는 나이를 1년 먹게 되고, 공에 세 번 맞은 어린이는 벌칙을 받게 됩니다. 주의할 점은 공에 맞은 사람이 얼떨떨해 하다가 옆에 있는 어린이가 던진 공에 맞아서 졸지에 3년을 먹을 수도 있습니다. 주인 없는 공은 누구든지 달려가서 잡은 사람이 "얼음" 하고 외치면 공을 잡으려고 경합하던 사람을 공으로 쉽게 맞출 수 있으니, 세 번 연속 공에 맞지 않도록 조심해야 합니다.

아이를 찾습니다

인원수: 20~30명

어린이들은 둥글게 둘러앉고 술래가 원 밖에 서서 돌아다닙니다. 그러다가 한 어린이의 등을 두드리면서 "우리 집 순이 못 보았소?" 하고 물으면 그 사람은 "예, 보았지요"라고 대답합니다. 술래가 "어떤 옷을 입었나요?" 하고 다시 물으면 그 어린이는 "빨간 양말을 신고 있지요"(예)라고 말하면 빨간 양말을 신고 있는 어린이는 그 소리를 듣자마자 자리에서 일어나 원을 한 바퀴 돌아서 제자리로 돌아옵니다. 이때 술래는 이 친구를 찾아가서 잡아야 하는데 잡히면 술래가 되고, 잡지 못하면 다시 술래가 되어서 계속합니다.

동그라미 밟기

인원수: 20~30명

어린이들은 손을 잡고 원을 만듭니다. 그리고 원 안쪽으로 세 걸음 들어간 자리에 작은 원을 그립니다. 시작이 되면 함께 노래를 부르면서 원을 빙빙 돕니다. 그러다 지도자가 "밀어라" 하고 외치면 손을 잡은 채로 양옆의 어린이들을 서로 원 안으로 몰아넣습니다. 이렇게 하여 선을 밟거나 원 안으로 밀려 들어간 어린이는 잠시 밖에서 쉬도록 합니다. 이렇게 하여서 마지막까지 남은 어린이가 누구인지 겨루어 보세요.

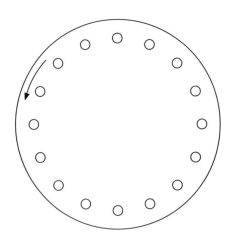

4-008

세 번 돌고 절하기

인원수: 15~20명

어린이들이 손을 잡고 둥글게 서고, 원 안에 술래가 들어가서 두 손으로 눈을 가립니다. 어린이들은 주위를 빙빙 돌면서 한 목소리로 술래에게 "여보세요. 당신은 누구시오?" 하고 물으면, 술래는 "나는 장님이요"라고 대답합니다. 어린이들이 다시 "뭣 때문에 여기까지 오셨소?" 하고 물으면 술래는 "여러분과 놀고 싶어서 왔지요"라고 대답합니다. 어린이들은 이 말을 받아 "그러면 세 번 돌고 절을 하시오"라고 말하고 나서 그 자리에 섭니다. 술래는 눈을 감은 채로 그 자리에서 세 번 돌고 나서 그 자리에서 절을 하면 절을 받은 사람이 술래가 되어서 다시 계속합니다.

얼음 땡

인원수: 15~30명

술래 외에 나머지 어린이들은 모두 놀이터에 흩어집니다. 시작하면 술래는 친구들을 쫓아가서 잡아야 합니다. 쫓기는 어린이가 술래에게 잡히기 직전에 "얼음" 하고 외치면서 그 자리에 서면 죽지 않습니다. 그 대신 그 어린이는 얼어버려서 그 자리에 꼼짝하지 않고 서 있어야 합니다. 그러면 살아 있는 친구 중에 하나가 손으로 치면서 "땡" 하고 외치면 다시 살아나서 도망갈 수 있습니다. 이렇게 하다가 잡힌 어린이가 다시 술래가 됩니다.

말타기

인원수: 8~12명

가위바위보로 세 어린이를 정합니다. 한 명은 마부가 되고 나머지 어린이는 1번 말과 2번 말이 됩니다. 마부가 나무기둥이나 벽에 등을 기대어 서고 1번 말이 마부의 사타구니에 머리를 박고 마부의 허리를 단단히 붙잡습니다. 2번 말은 이어서 허리를 굽혀 1번 말의 엉덩이에 머리를 박습니다. 시작

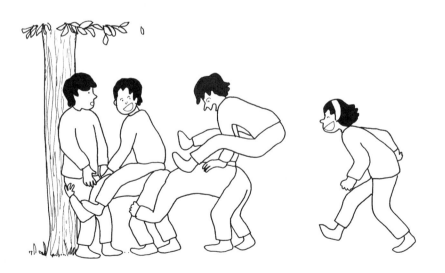

하면 나머지 어린이들은 달려가서 말 등에 올라탑니다. 모두 올라타면 맨 처음 올라탄 어린이가 마부와 가위바위보를 해서 이기면 다시 하고, 지면 그 어린이는 2번 말이 되고, 2번 말은 1번 말로, 1번 말은 마부가 되고, 마부는 풀려나서 말 타는 사람이 되지요. 이런 식으로 놀이는 계속됩니다. 말이 무너지면 다시 하게 되고, 말에서 떨어진 사람은 2번 말이 됩니다.

엿 먹이기

준비물: 엿가락(인원수만큼), 접시(모둠 수만큼)　　**인원수:** 10~20명

엿을 물고 반환점을 돌아오는 이어달리기 놀이입니다. 반환점에 콩가루에 엿을 묻혀 놓은 접시 두 개를 탁자 위에 놓아둡니다. 시작이 되면 양 모둠 맨 앞에 있는 어린이는 신속히 반환점으로 달려가서 콩가루에 묻혀 있는 엿을 찾아 입에 물고 출발선으로 달려와 다음 친구와 교대합니다. 여기서 손은 사용하면 안 됩니다.

줄넘기

준비물: 줄넘기 줄 **인원수:** 5~10명

줄넘기는 밧줄만 있으면 남녀노소가 어디서나 즐길 수 있으며 신체 발육에 큰 도움이 되는 온몸 운동입니다. 줄넘기는 한 사람 또는 두 사람이 함께 넘는 '짧은 줄넘기'와 여러 사람이 어울리는 '긴 줄넘기'가 있습니다. 줄넘기는 여러 가지 방법이 있는데 다음의 노래에 맞추어서 진행하는 방법이 있습니다. 두 모둠으로 나눈 다음 한 모둠은 줄을 돌리고, 다른 모둠은 돌아가는 줄 안으로 들어갑니다. 줄을 돌리는 모둠에서 두 어린이는 줄 양 끝을 하나씩 잡고 "하나, 둘, 셋, 넷" 하고 외치면서 줄을 천천히 돌리는데 줄이 땅에 약간 끌리도록 느슨하게 잡습니다. 줄 안에 들어가는 어린이들은 하나씩 줄 안으로 무사히 들어가 제자리 뛰기를 하면서 다음의 노래에 따라 동작을 취합니다.

"꼬마야 꼬마야 뒤로 돌아라

꼬마야 꼬마야 만세를 불러라

꼬마야 꼬마야 땅을 짚어라

꼬마야 꼬마야 잘 가거라."

이 노래와 함께 동작을 무사히 마치면 "잘 가거라"에서 한 사람씩 줄에서 빠져 나옵니다. 줄넘기를 하는 도중에 누구 하나라도 줄에 걸리면 줄 돌리는 모둠과 줄넘기를 하는 모둠이 역할을 바꾸어 계속합니다.

줄넘기를 하면서 자주 부르던 노래들은 다음과 같습니다.

"아버지는 나귀 타고 장에 가시고
어머니는 건넛마을 아저씨 댁에
고추 먹고 맴맴 담배 먹고 맴맴"

"떼굴 떼굴 떼떼굴 도토리 하나
삼 년 만에 이 빠졌다 머리 깨졌다.
고추 먹고 맴맴 담배 먹고 맴맴"

이 밖에도 줄넘기에는 여러 가지 방법들이 있는데, 점점 사라져 가는 실정입니다.

투호

준비물: 투호　**인원수:** 2명 이상

투호는 쇠로 만든 지름 10cm 정도의 통 여러 개가 나란히 붙어 있는 것을 출발선 5~6m 앞에 놓고 화살 같은 것을 던져서 통 안에 집어넣는 놀이입니다. 가운데 구멍에 화살을 가장 많이 넣은 사람이 이기게 되는데 이 놀이는 상류층과 궁중 사람들이 많이 즐겼다고 합니다. 투호는 고리걸이와 비슷한 놀이라고 할 수 있으며, 일반적으로 항아리를 이용하기도 합니다.

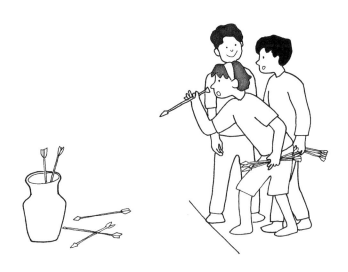

팽이치기

준비물: 팽이   **인원수:** 2명 이상

직경이 5~7cm 정도 되는 둥근 나무 한쪽 끝을 연필 깎듯이 둥글고 뾰족하게 자릅니다. 뾰족한 곳이 닳지 않도록 하기 위해 못이나 쇠구슬을 박을 수도 있지만 그대로 사용할 수도 있습니다. 길이는 6~7cm 정도가 적당합니다. 팽이채는 길이가 40cm 정도 되는 막대기 끝에 노끈이나 가죽 끈을 여러 가닥 매달아 만들면 됩니다. 일단 팽이를 손으로 돌리거나 아니면 처음부터 팽이 채로 팽이를 돌려서 계속 팽이를 때려서 돌립니다. 쓰러질듯하면 쳐서 힘을 내주는 재미가 색다르지요. 팽이끼리 싸움을 붙여서 누가 이기는지를 겨루어 볼 수도 있습니다.

숨바꼭질

인원수: 10~20명

술래잡기 또는 술래놀이라고도 하는 숨바꼭질은 오랫동안 어린이들이 즐겨 온 민속놀이입니다. 숨바꼭질은 숨은 어린이를 찾기도 하고 숨었던 어린이가 먼저 뛰쳐나오기도 한다는 뜻입니다. 숨바꼭질을 하려면 우선 근처에 있는 나무기둥이나 전봇대를 집으로 정합니다. 그런 다음 술래가 집에 머리를 대고 손으로 눈을 가린 채 1에서부터 50, 또는 100까지 숫자를 셉니다. 그러는 동안 어린이들은 각자 흩어져서 숨을 곳을 찾아 몸을 숨깁니다.

술래가 숫자 세기를 마치면 눈을 뜨고 집을 떠나 숨어 있는 친구들을 찾아 나섭니다. 그러다가 발견하면 친구 이름을 크게 부르면서 집으로 달려가 손으로 집을 찍으면 그 사람은 잡히게 됩니다. 하지만 발각된 친구가 술래보다 먼저 달려가서 손으로 집을 찍으면 살게 됩니다.

잡힌 어린이들은 집에 손을 대고 있으면서 다음과 같은 노래를 함께 부릅니다.

"꼭꼭 숨어라 머리카락 보인다.

꼭꼭 숨어라. 옷자락이 보인다.

살금살금 달아나자.

빨리빨리 달아나자"

　이렇게 하여 술래가 친구들을 모두 찾으면 맨 처음 잡힌 사람이 술래가 되어서 다시 합니다. 술래가 찾다, 찾다 결국 모두 찾지 못하면 술래는 "못 찾겠다. 꾀꼬리!" 하고 외칩니다. 그러면 숨어 있던 사람들은 그 자리에 나와서 다시 시작합니다. 숨바꼭질은 저녁노을이 들면서 어두워지는 저녁 시간에 하는 것이 가장 재미있습니다. 북한 어린이들은 이 놀이를 '숨박곡질'이라고 부른답니다.

씨름

준비물: 샅바

씨름은 오래전부터 전승되어온 힘겨루기로서 두 사람이 샅바나 띠, 바지 허리춤을 잡고 힘과 기술로 상대방을 땅에 먼저 넘어뜨리는 가장 남성적이고 서민적이며 대표적인 민중 오락입니다. 두 사람이 샅바를 매고 양쪽 원 안에 들어가 무릎을 꿇고 서로 상대방의 다리와 샅바를 부여잡은 다음에 호흡을 맞추고 심판의 신호로 동시에 일어서서 기술과 힘으로 상대를 넘어뜨리는 것입니다.

오른손으로 상대방의 허리 바를 쥐고 왼손으로는 상대편의 샅바를 잡는 것이 '바른 씨름'이고, 손 잡는 방법이 반대인 것은 '왼씨름'이라고 하는데 오늘날은 왼씨름으로 통일되었습니다. 개천가의 모래사장이나 넓은 들판에 마련된 씨름판을 중심으로 씨름꾼과 구경꾼들이 둘러앉습니다. 북한 지방에서는 단옷날 어느 곳에서나 벌어졌는데, 이때 오전에는 다섯 사람을 메치는 장사를 골라내는 서전이 벌어지고 오후에는 다섯 사람을 메쳤던 장사들끼리만 돌아가면서 대결을 벌여 우승자를 가려냈다고 합니다. 우승자에게는 황소 한 마리, 다음에는 쌀 한 가마, 무명필들이 상으로 주어졌습니다. 준준결

승전이나 준결승전에 오를 정도의 씨름꾼들은 모두 체격이나 힘이 장사이고 기술이 뛰어난 사람들이기 때문에 씨름판은 흥분의 도가니가 됩니다. 무명의 총각 머슴이 우승을 하게 되는 날이면 그 총각은 일약 영웅이 되지요. 남쪽 지방으로 내려오면 8월 추석이나 7월 백중날에 행해지기도 하였습니다.

　한국 씨름은 몽골에서 전해져 왔다고 합니다. 하지만 유명한 고구려 통구의 무용총 벽화에 고구려인들의 씨름 장면이 그려져 있는 것을 보면 우리나라 고유의 씨름이 이미 오래전부터 있었던 것으로 여겨집니다.

뱀따별치기

준비물: 납작한 돌(지름2~3cm)   **인원수:** 2~5명

이 놀이는 누가 땅을 많이 차지하는가를 겨루는 땅재먹기 놀이와는 달리 따별(돌)을 퉁겨서 목적지로 돌아오는 놀이입니다. '뱀따별치기'라는 이름은 갖가지 장애물을 만들어놓고 그 사이를 구불구불 돌아서 오는 모양이 뱀 같다고 하여 붙여졌습니다. 2~5명의 어린이들이 순서를 정하여 1명씩 출발점에 따별을 놓고 손가락으로 퉁겨서 출발점을 돌아오는 것입니다.

놀이규칙은 다음과 같이 출발점에 따별을 놓고 한 사람이 한 번씩 돌아가면서 퉁기는데 따별이 선 밖으로 나가거나, 다른 따별에 맞아서 선 밖으로 밀려나간 경우에는 그 따별의 주인은 처음부터 다시 시작해야 합니다. 놀이터에는 몇 개의 섬이 있는데 그 섬에 들어가 있으면 안전지대이기 때문에 다른 따별로부터의 공격을 피할 수 있습니다. 이렇게 하여 누구의 따별이 가장 먼저 안전하게 돌아오는지 가려봅시다.

나막신 이어달리기

준비물: 밧줄로 만든 손발 걸이   **인원수:** 10~20명

각 모둠의 첫 번째 어린이들에게 그림과 같이 줄이 달린 나막신을 한 켤레씩 나누어주고 양쪽 다리에 걸도록 합니다. 시작이 되면 어린이들은 반환점을 돌아서 출발선으로 되돌아와서는 다음 친구에게 이어줍니다. 이렇게 하여 어느 모둠이 가장 먼저 돌아오는지 겨루어 봅시다.

끝말잇기

인원수: 2~5명

한 어린이가 단어를 하나 댑니다. 예를 들면 '엄마'라고 말하면 다음 어린이는 '마음', 이어서 '음치-치통-통나무' 이런 식으로 끝말을 이어서 새 단어를 계속 이어가는 것입니다. 그러다가 같은 단어를 대거나 아예 맞히지 못한 어린이가 벌점을 얻게 됩니다. 틀린 어린이가 다시 단어 한 가지를 말하고 이를 가지고 다시 시작해보세요.

무궁화 꽃이 피었습니다

인원수: 10~15명

술래가 된 어린이가 담벼락이나 나무기둥에 눈을 대고 "무궁화 꽃이 피었습니다"를 외칩니다. 외치는 동안 10m 뒤에 서 있는 다른 어린이들은 조금씩 움직여서 술래에게 다가갑니다. 술래가 "무궁화 꽃이 피었습니다"를 마치고 뒤돌아보았을 때 움직이고 있던 어린이는 잡혀서 술래의 손을 잡고 일렬로 서 있도록 합니다. 살아 있는 어린이들은 계속 술래에게 다가가서 잡힌 어린이의 손을 치면 그들은 도망칩니다. 이렇게 도망치다가 술래에게 다시 잡힌 어린이는 새 술래가 됩니다.

그림자 밟기

인원수: 5~10명

그림자 밟기는 날씨가 맑은 한낮에 즐길 수도 있지만 보름달이 뜬 밤에 하면 특별한 맛이 있습니다. 두 어린이가 가위바위보로 공격과 수비를 정한 다음, 공격하는 어린이는 수비자의 그림자를 쫓아가서 밟습니다. 수비자는 그

냥 당할 수는 없으므로 자기 그림자가 발에 밟히지 않도록 도망칩니다. 그림자를 밟히면 공수를 바꾸어 계속합니다. 이 놀이는 여러 어린이들이 함께할 수도 있습니다.

4-022

장님 놀이

준비물: 눈가리개 1개 **인원수:** 10~15명

모두 손을 잡고 둥글게 서고 술래 한 사람이 눈을 가리고 원 안으로 들어갑니다. 시작이 되면 어린이들은 함께 노래를 부르면서 빙빙 돌다가 술래가 "그만" 하고 외치면 그 자리에 쥐 죽은 듯이 서 있습니다. 술래는 한 어린이에게 다가가서 그의 몸을 만져보고 그가 누구인지 맞혀야 하는데, 맞히지 못하면 다시 합니다.

딱지치기

준비물: 딱지를 만들기 위한 종이   **인원수:** 2~5명

헌 잡지와 두꺼운 종이로 딱지를 만들어 봅시다. 어린이들은 자기 딱지를 한 개씩 땅바닥에 놓아둔 다음 가위바위보로 순서를 정합니다. 첫 번째 어린이는 자기 딱지를 집어 들고 다른 사람의 딱지에다가 발을 가까이 댑니다. 그러고는 들고 있는 딱지를 내리 쳐서 다른 어린이의 딱지가 발딱 뒤집히도록 합니다. 딱지가 뒤집히면 그 딱지를 따먹게 되고, 계속 할 수 있습니다. 반대로 실패하면 다음 어린이에게 기회가 넘어가지요. 딱지 크기는 한 변이 5~10cm 정도가 적당합니다.

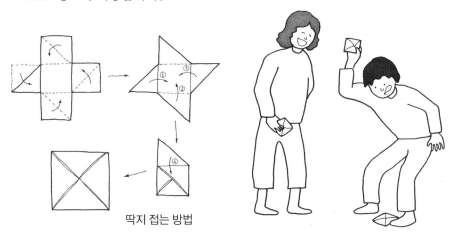

딱지 접는 방법

4-024

모래성

준비물: 길이 30cm 정도의 나뭇가지   **인원수:** 2~5명

바닷가 모래사장이나 놀이터에서 2~4명이 함께 즐길 수 있습니다. 모래 무덤을 쌓고 그 중앙에 길이 30cm 정도의 나뭇가지를 꽂습니다. 둘러앉은 다음 순서를 정하여 한 사람씩 두 손으로 나뭇가지 주위의 모래를 쓸어갑니다. 이때 나무를 쓰러뜨려서는 안 됩니다. 이렇게 계속하다 보면 모래의 양이 적어져 나뭇가지가 서 있지 못하고 쓰러지는데, 이때 나뭇가지를 쓰러뜨린 어린이가 벌점을 받습니다. 그러면 모래성을 쌓고 다시 해봅시다.

손수건 돌리기

준비물: 손수건 1개   **인원수:** 15~20명

원 대형으로 둘러앉고 술래 한 사람이 원 밖에 섭니다. 시작이 되면 술래는 원 밖을 돌다가 들고 있던 손수건을 살짝 어떤 한 사람의 등 뒤에 놓아둡니다. 둘러앉은 어린이들은 고개를 돌려 뒤돌아볼 수 없으며, 손을 뒤로 대고 더듬을 수는 있습니다. 술래는 손수건을 살짝 떨어뜨린, 아직도 손수건을 가지고 있는 것처럼 시치미를 뚝 떼고 능청맞게 걷는 듯 뛰는 듯하며 원을 다시 돕니다. 손수건이 등 뒤에 있는 줄도 모르고 앉아 있는 어린이를 치면 그 사람은 잡히게 됩니다. 손수건을 발견한 어린이는 손수건을 들고 자리에서 급히 일어나 술래를 쫓아가서 손으로 쳐야 합니다. 이렇게 되면 술래는 잡히지 않으려고 줄행랑치는데 자기를 쫓아오는 어린이가 앉았던 빈자리로 가서 앉으면 안심입니다. 이때 손수건을 들고 쫓아가던 새 술래는 아무 때나 손수건을 다른 사람의 등 뒤에 다시 떨어뜨릴 수 있습니다.

우리 속 호랑이(신발 훔치기)

인원수: 10~15명

직경 2m 정도 되는 원을 그리고 술래는 호랑이가 되어서 원 안으로 들어갑니다. 어린이들은 신발을 하나씩 벗어서 원 중앙에 던져 넣습니다. 시작이 되면 원 밖에 있는 어린이들은 호랑이(술래)에게 잡히지 않도록 주의하면서 원 안에 있는 자기 신발을 빼내야 합니다. 반대로 술래는 이들이 신발을 빼앗지 못하도록 침입하는 어린이들을 손으로 쳐야 합니다. 따라서 서로 자기 신발

만 빼낼 것이 아니라 술래를 유인하는 협공작전을 벌이는 것이 도움이 됩니다. 술래에게 잡힌 어린이는 술래가 되어서 계속하게 되며, 술래가 끝까지 잡지 못하면 마지막 한 개 남은 신발의 주인공이 술래가 됩니다.

어젯밤 도깨비를 보았는데

인원수: 10~15명

둥글게 둘러앉아서 한 어린이가 "어젯밤에 나는 도깨비를 보았는데 어찌나 놀랐던지 나도 모르게 '아악!'" 하고 외치면 다른 사람들은 "아악" 하고 따라 합니다. 두 번째 사람이 "나도 어젯밤에 도깨비를 보았는데 얼마나 놀랐는지 두 손을 번쩍 들고 와들와들 떨었지" 하고 외치면 사람들은 "아악" 하고 외치는 동시에 두 손을 번쩍 들고 와들와들 떱니다. 세 번째 사람이 "나도 어젯밤에 도깨비를 보았는데 너무 무서워서 두 다리가 후들거렸어" 하고 말하면 "아악" 하면서 두 손을 번쩍 들고 와들와들 떨며 여기에 두 다리를 후들후들거리는 동작을 동시에 합니다. 이런 방법으로 진행하다 보면 온갖 해괴망측한 동작들이 나오는데 이런 동작들을 동시에 할 수 없으므로 마지막 4가지만 계속하도록 합니다. "벌렁 나자빠졌지", "눈동자가 뒤집혀버렸지" 별의별 이야기들이 다 나올 것입니다.

여우야 여우야 뭐하니

인원수: 10명 내외

어린이들은 출발선에 정렬하고 3m 떨어진 전방에 술래가 등을 돌리고 서 있습니다. 그러면서 어린이들과 술래는 다음과 같은 노래를 주고받습니다.

아이들: 여우야 여우야 뭐하니?

술래: 잠잔다.

아이들: 잠꾸러기.

아이들: 여우야 여우야 뭐하니?

술래: 세수한다.

아이들: 멋쟁이.

아이들: 여우야 여우야 뭐하니?

술래: 밥 먹는다.

아이들: 무슨 반찬?

술래: 개구리 반찬.

아이들: 살았니? 죽었니?

술래 : ○○.(이때 술래는 '살았다'와 '죽었다' 중에서 하나를 택하여 말합니다)

술래가 "살았다"라고 외치면서 뒤로 돌아 잡으러 오면 어린이들은 잽싸게 뒤돌아서 안전선 밖으로 도망가야 하고, 반대로 술래가 "죽었다"라고 외치고 돌아보면 모든 사람들은 마치 얼은 사람처럼 그 자리에 꼼짝없이 서 있어야 합니다. 이때 몸을 움직이는 것이 술래에게 발각된 어린이는 술래가 되어서 놀이를 계속합니다.

발자국 뛰기

인원수: 5~10명

어린이들이 출발선에서 열 걸음을 힘차게 뛰어 그 자리에 그대로 서 있습니다. 이어서 술래가 아홉 걸음을 뛰고 그 자리에서 두 발을 모으고 선 다음 손을 내밀어 친구를 손으로 치면 그 사람이 술래가 됩니다. 여러 사람이 동시에 잡히면 이들 중에서 한 어린이가 술래가 됩니다. 한 어린이도 잡지 못하는 경우에는 술래가 "한 발 앞으로 나와라"라고 외칩니다. 그러면 어린이들은 출발선으로 달려가야 하는데 모든 어린이들이 동시에 뛰지 않아도 됩니다. 어린이들은 각자 술래를 피해 한두 사람씩 출발선을 향해 달려가는데 그러다가 붙잡힌 사람이 술래가 됩니다. 문제는 마지막까지 남은 어린이입니다. 꼼짝 없이 잡힐 수밖에 없으므로 출발선으로 무사히 돌아간 어린이들은 다시 나와서 술래를 성가시게 만듦으로써 친구가 잡히지 않고 출발선으로 올 수 있게 해야 합니다. 이렇게 하고도 술래가 한 사람도 잡지 못하면 술래를 다시 해야 합니다.

무릎 싸움

인원수: 10~20명

닭싸움이라고도 하는 이 놀이는 두 손으로 한쪽 발을 잡은 상태에서 다른 사람을 무릎으로 쳐서 넘어뜨리는 겨루기입니다. 무릎 싸움은 두 사람이 겨루기와 모둠을 나누어서 겨루기가 있습니다. 모둠으로 나누어서 각각 놀이터 양편에 서고 한 사람씩 나와서 겨룹니다. 발에서 손을 떼거나 두 발이 땅에 닿으면 지게 됩니다. 이긴 사람은 다음 사람과 다시 겨루게 되며 이렇게 하여서 한쪽 모둠 사람이 모두 질 때까지 계속합니다.

깡통차기①

준비물: 음료수 깡통　**인원수:** 10~20명

이 놀이는 숨바꼭질을 하기 적당한 곳에서 즐길 수 있는 놀이입니다. 땅바닥에 직경 30cm 정도의 원을 그리고 그 안에 음료수 깡통을 놓아둡니다. 시작하면 어린이들은 발로 깡통을 세게 차서 멀리 날려 보냅니다. 원 가까이에 있던 술래는 깡통이 땅에 떨어지는 순간 잽싸게 달려가서 깡통을 주워서 원 안으로 다시 갖다 놓습니다. 이때 나머지 어린이들은 술래가 볼 수 없는 곳을 찾아가서 몸을 숨깁니다. 깡통을 제자리에 갖다 놓은 술래는 숨어 있는 어린이들을 찾아나서는데, 문제는 마음대로 원을 떠날 수 없다는 데 있습니다. 술래가 원에서 멀리 떨어져 있을 때 숨어 있던 한 어린이가 비어 있는 원으로 달려가서 깡통을 발로 차버리면 낭패이기 때문입니다. 그래서 술래는 숨은 사람을 잡아내면서도 깡통을 지켜야 합니다. 술래는 숨어 있는 사람을 발견하면 원으로 달려가서 깡통을 발로 밟고 그 사람의 이름을 외치면 됩니다. 이렇게 하여 붙잡힌 어린이들은 손을 잡고 원 주위에 서 있도록 하는데, 살아 있는 어린이 하나가 달려와서 깡통을 차면 잡힌 어린이들은 다시 도망칠 수 있습니다. 이런 방식으로 술래를 바꾸어서 다시 해봅시다.

깡통차기②

준비물: 음료수 깡통　　**인원수:** 10~20명

이 놀이는 나무, 숲, 바위 등과 같이 숨을 곳이 많은 장소에 잘 어울리는 놀이
입니다.

　술래는 호랑이가 되어서 놀이터 중앙에 서 있도록 하는데 그 지점에 직경
50cm 정도 되는 원 안에다가 직경 10cm 정도 되는 크기의 깡통을 놓아둡니
다. 깡통 안에는 흔들거나 맞으면 소리가 나도록 작은 조약돌이 몇 개 들어
있습니다. 시작이 되면 술래가 눈을 감은 상태에서 100까지 수를 세는 동안
나머지 어린이들은 바삐 달려가서 숨도록 합니다. 술래가 숫자 세기를 마치
면 눈을 뜨고 주위를 돌아다니면서 살펴보다가 숨은 사람을 찾으면 "소나무
뒤에 영희", "쓰레기통 뒤에 철수"라는 식으로 외치면서 깡통이 있는 곳으로
달려갑니다. 발각된 어린이도 숨어 있던 곳에서 급히 뛰어나와 깡통 있는 곳
으로 달려가는데 술래가 먼저 깡통을 발로 차면서 "진" 하고 외치면 그 어린
이는 포로가 됩니다.

　반대로 들킨 어린이가 먼저 깡통으로 달려가서 발로 차면 살아나게 되며
술래가 깡통을 집어서 다시 제자리에 놓는 시간 동안 은밀한 곳을 찾아서 몸

을 숨깁니다. 그러므로 술래는 깡통에서 멀리 벗어나기가 어렵습니다. 술래에게 잡힌 어린이들은 통이 놓인 원에 발을 밟고 손을 잡고 서 있도록 합니다. 그러다가 한 어린이가 달려와서 발로 통을 차는 순간 잡혀 있던 어린이들은 모두 살아나서 술래가 깡통을 집어오는 동안 다시 숨습니다. 이런 우여곡절 끝에 술래가 숨은 친구들을 모두 찾으면 놀이는 끝나게 되고, 술래를 다시 정하여 계속합니다.

꼬리잡기

인원수: 20~30명

꼬리잡기 놀이는 지역에 따라 '수박따기', '돌아따기', 또는 '호박따기'라고도 합니다. 두 모둠은 각자 앞 사람의 허리띠를 잡고 한 줄로 늘어서는데 첫 번째 어린이가 대장이 됩니다. 어린이들은 아리랑이나 강강술래 따위의 노래를 부르며 빙빙 돌아다니다가 노래가 끝나면 양쪽의 대장이 나서서 어느 편이 먼저 수박을 딸 것인지를 정합니다. 〈가〉 모둠이 먼저 수박 따기를 하면 〈가〉 모둠의 대장이 늙은 할머니 시늉을 하면서 〈나〉 모둠으로 가서 "할멈 계신가?" 하고 묻습니다. 그러면 〈나〉 모둠 어린이들은 "왜 왔습니까?" 하면서 노래하듯이 주고받습니다. 〈가〉 모둠의 대장이 "수박 따러 왔지" 하면 〈나〉 모둠 어린이들은 "이제야 겨우 망울이 맺혔으니 내일모레 오시지요" 하고 다시 노래를 부르며 마당을 돕니다.

어느 정도 지난 다음 〈가〉 모둠 대장이 다시 〈나〉 모둠으로 다가가서 같은 질문을 하는데 이때에는 "이제 겨우 사발만큼 자랐소" 하는 대답을 듣고 되돌아갑니다. 이와 같은 방법으로 "동이만큼 자랐소", "나 하나 따주시오"라는 말에까지 이릅니다. 수박이 자라는 과정이 이보다 더 오래 걸릴 수도 있

68

습니다. 그러다가 "수박 한 개 따가시오" 하는 말이 떨어지면 금세 시끄러워집니다. 〈가〉 모둠 어린이들이 수박을 따내려고 덤벼들기 때문인데, 〈나〉 모둠 어린이들은 한 개도 **빼앗기지** 않으려고 도망칩니다. 맨 앞에 있는 〈가〉 모둠의 대장만이 호박을 딸 수 있는데 호박은 다름 아닌 〈나〉 모둠 어린이들입니다. 〈나〉 모둠은 줄(수박 넝쿨)이 끊어지지 않게 요리조리 피해 다녀야 합니다. 이렇게 하여 상대가 수박을 따거나 중간이 끊어지면 공수를 바꾸어서 다시 해봅시다.

4-034

찜뽕

준비물: 테니스공   **인원수:** 10~20명

고무공(또는 테니스공)으로 하는 야구입니다. 타자가 야구방망이로 공을 치는 것이 아니라 한 손으로 공을 띄워서 떨어지는 공을 주먹으로 치는 방식으로 진행합니다. 두 모둠으로 나누고 공수를 정한 다음 공격 모둠 사람들이 돌아가면서 공을 칩니다. 타자가 공을 던져서 치기 때문에 투수는 필요 없으며 도루나 인필드플라이가 없는 것 외에 정식 야구의 규칙을 따릅니다. 쓰리아웃이 되면 공수 교대를 하고, 6~9이닝 정도로 정하여 겨루어 보세요.

중머리 씨름

준비물: 나무토막(가로, 세로 각 10~15cm 정도)　**인원수:** 10명 내외

중머리 씨름은 오래전부터 사찰에서 스님들이 즐기던 놀이였다고 합니다. 두 사람이 머리끝 정수리를 맞대고 바닥에 엎드립니다. 시작하면 서로 밀어서 많이 밀어붙인 사람이 이깁니다. 해보면 알겠지만 머리가 매우 아프답니다. 그런데도 선배 스님들은 신참내기들을 골탕 먹이려고 서로 보지 못하도록 한 다음 머리와 머리 사이에 나무토막을 살짝 끼워 놓았다고 합니다. 더 심한 경우에는 돌을 사용했다고 하니 스님 중에도 장난꾸러기가 많았나 봅니다.

뒷씨름

인원수: 10~20명

두 모둠으로 나누고 각 모둠에서 한 사람씩 나와서 직경 2m 정도의 원 안에 들어가 팔짱을 끼고 서로 등을 대고 쪼그리고 앉습니다. 시작이 되면 엉덩이로 밀치고 때려서 상대방을 원 밖으로 내쫓습니다. 상대방을 원 밖으로 내몬 어린이는 1점을 얻게 되고 다음 상대와 다시 겨룹니다. 손은 사용하지 않도록 하며 여러 명이 동시에 할 수도 있습니다. 이때는 인원수를 감안하여 원의 크기를 적당하게 조절하세요.

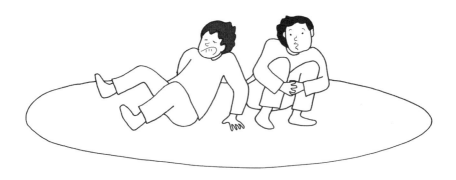

게 줄다리기

준비물: 줄다리기 밧줄(그림 참조)　　**인원수:** 10~50명

거북이 힘내기와 비슷한 줄다리기 놀이로서 밀양 지방에서 하는 줄다리기입
니다. 그림과 같이 짚으로 엮은 게 모양의 줄을 목에 걸고 한 사람에서 다섯
사람씩 편을 갈라서 줄다리기를 합니다. 줄다리기를 하는 사람들도 즐겁지
만 보는 사람들도 응원하는 재미, 보는 재미가 그만인 놀이랍니다.

※ 주의사항 : 밧줄이 목에 직접 닿지 않도록 수건을 목에 걸고 밧줄을 걸치도록 하세요.

우리 집에 왜 왔니

인원수: 10~20명

두 모둠을 만들고 서로 어깨동무를 하고 상대 모둠 어린이들과 마주보고 섭니다. 그중 어느 한쪽 모둠 어린이들이 같은 걸음걸이로 씩씩하게 걸어나가면서 "우리 집에 왜 왔니, 왜 왔니, 왜 왔니?" 하고 외칩니다. 이때 상대 모

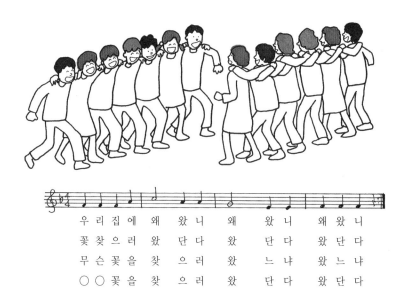

우리	집에	왜	왔	니	왜	왔	니	왜	왔	니
꽃찾	으러	왔	단	다	왔	단	다	왔	단	다
무슨	꽃을	찾	으	러	왔	느	냐	왔	느	냐
○○	꽃을	찾	으	러	왔	단	다	왔	단	다

둠 어린이들은 뒷걸음질을 치다가, 반대로 어깨에 힘을 가득 주고 싸움을 하듯이 앞으로 걸어가면서 "꽃 찾으러 왔단다, 왔단다, 왔단다" 하고 대답합니다. 다시 첫 번째 모둠이 "무슨 꽃을 찾으러 왔느냐, 왔느냐?" 하고 반격하면 반대편 어린이 중에 하나가 상대편 어린이 중에 한 어린이의 이름을 부르면서 "○○ 꽃을 찾으러 왔단다, 왔단다" 하고 외칩니다. 이렇게 되면 호명한 어린이와 이름이 불려진 어린이가 나와서 가위바위보를 하게 되는데 진 사람은 이긴 사람 모둠에 잡혀가게 됩니다. 잡혀간 사람은 이번에는 모둠을 바꾸어서 다시 하게 되는데 하다 보면 언젠가는 한쪽 모둠 어린이들이 모두 잡혀 가는 때가 오게 되며 이때 '우리 집에 왜 왔니' 놀이는 마치게 됩니다.

장치기

준비물: 깡통, 막대기(인원수만큼) **인원수:** 10~20명

장치기는 고려 때 한 장수가 산성에서 어린이들에게 무예를 가르칠 목적으로 시작하였다고 전해집니다. 하지만 그보다 훨씬 전부터 어린이들이 즐겨 왔던 민속놀이입니다. 장치기는 오늘날의 필드하키와 비슷한 놀이로 소프트볼을 사용할 수 있지만 깡통이나 플라스틱 공을 사용해도 좋습니다. 원래는 소나무의 옹이가 있는 부분이나 고양나무, 박달나무와 같이 단단한 나무를 둥글게 깎아 만들었다고 하는군요. 장치기채(스틱)는 끝이 약간 휜 막대기

76

^(1~1.2m 정도)를 사용합니다. 두 모둠으로 나누어서 시작이 되면 공_(깡통)을 막대
기로 쳐서 상대 골대에 집어넣는 놀이입니다. 장치기채로 얼굴을 맞으면 위
험하므로 장치기채가 허리 위로 올라가거나, 발로 공_(깡통 또는 플라스틱 공)을 차지
않도록 주의하세요. 만약 채가 너무 높이 올라가면 그 즉시 놀이를 중지시키
고 그 자리에서 상대 모둠에게 공격권을 주도록 합니다. 축구에서의 프리킥
과 같이 말입니다.

진놀이

인원수: 30~60명

진놀이는 함경도에서는 '진치기', '진 잡기', 평안도에서는 '진 지키기'라고 부릅니다. 『견첩록』에는 중종(1506~1544년) 때 어떤 사람이 제자들과 함께 음모를 꾸민다고 하여 왕명으로 이들을 체포하고 보니 이들은 남산에서 진을 정하고 편을 갈라 진놀이를 한 죄밖에 없었다는 기록을 보면 진놀이는 꽤 오래 전부터 즐겨왔던 민속놀이입니다.

진놀이는 두 모둠이 25~30m 떨어져 있는 진지를 하나씩 차지하고 진지에서 나온 상대편 사람들을 잡아오거나 상대편 진지를 먼저 점령하는 신 나는 전쟁 놀이입니다. 두 모둠으로 나누고 직경 3m 정도의 원(진지)을 두 개 그

리는데 진지 간의 거리는 25~30m가 적당합니다. 진지를 하나씩 차지하고 진지 안에는 진지기 한 사람을 두어 진지를 떠나지 않고 지켜야 합니다. 모둠별로 작전을 짜는 시간을 준 다음, 시작이 되면 어린이들은 상대방 진지를 점령하기 위하여 자기 진지를 나옵니다. 그런데 〈가〉 모둠에서 어린이 A가 나오면, 〈나〉 모둠에서도 어린이 B가 나와서 어린이A를 쫓습니다. 바로 이어서 늦게 나온 사람은 바로 앞서 나온 사람을 잡을 수 있습니다. 따라서 〈가〉 모둠에서는 어린이A를 보호하기 위해 어린이C가 진지에서 나와 〈나〉 모둠의 어린이B를 쫓아갑니다. 이처럼 바로 뒷사람만이 바로 앞에 나온 사람을 잡을 수 있는 것입니다. 이렇게 하다 보면 누가 누구를 쫓고, 누구에게 쫓기는지 모를 정도로 복잡해지기도 합니다. 어쨌든 상대방에게 잡힌 어린이는 포로가 되는데, 포로들은 상대 모둠 진영에서 시작하여 자기 모둠 방향으로 손을 잡고 길게 늘어섭니다. 도망치던 어린이는 아무 때든지 자기 진지로 돌아갈 수 있으며, 들어갔다가 나오면 처음부터 다시 한 것이 되어서 도리어 자기를 쫓던 어린이를 잡을 수도 있습니다. 포로들은 자기 모둠 어린이가 달려와서 손으로 치면 다시 살아나서 도망칠 수 있습니다. 상대편 사람들

을 모두 사로잡거나, 진지기가 진지를 떠나 있을 때 상대편 진지를 손으로 먼저 짚는 모둠이 이깁니다. 어느 모둠도 상대방 진지를 점령하지 못하는 경우에는 포로의 수가 적은 모둠이 이기는 것으로 가릴 수 있습니다.

전쟁 놀이

인원수: 20~30명

가로 20m, 세로 10m 정도의 사각형을 그리고 양 끝에 직경 3m 정도 되는 원을 그립니다. 두 개의 원은 각 모둠의 진지가 되어서 한 개씩 차지합니다. 시작이 되면 서로 앙감질(한 발은 들고 한 발로만 뛰는 것)로 상대방 진지를 점령해야 하는데, 전진하는 어린이와 이를 막는 어린이들로 인해 순식간에 전쟁터가 되어버릴 것입니다. 상대편 어린이를 만나면 앙감질한 상태에서 서로를 밀치거

나 잡아당길 수 있는데 이렇게 하여 몸의 일부분이나 두 다리가 모두 땅에 닿은 어린이는 즉시 놀이터 밖으로 나가야 합니다. 이렇게 하여 적의 진지를 먼저 점령한 모둠이 승리하게 됩니다. 정해진 시간 내에 상대 모둠 진지에 도착한 사람들의 인원수로 승부를 가릴 수도 있습니다.

번호 바꾸기

준비물: 깃발 또는 의자 1개   **인원수:** 10~20명

두 모둠으로 나누어 각자 15m 정도 떨어진 위치에서 평행선을 하나씩 차지하여 마주보고 정렬합니다. 모둠별로 어린이들은 각자 자기 번호를 가집니다. 두 모둠 중간 지역에는 작은 깃발(또는 의자)을 하나 놓아둡니다. 지도자가 번호를 부르면 그 번호에 해당되는 어린이들은 자리에서 뛰어나와 깃발(의자)을 돌아서 제자리로 돌아갑니다. 먼저 도착한 어린이의 모둠이 1점을 얻게 됩니다. 같은 방식으로 계속해 보다가 단순히 뛰지만 말고 "3번, 앙감질", "6번, 오리걸음" 하는 식으로 바꾸어서 해보아도 재미있답니다.

4-043

7자 놀이

준비물: 깃발 또는 모자 2개씩   **인원수:** 20~40명

두 모둠은 각자 자기 진지로 들어가 있습니다. 각 모둠은 보물을 지키는 어린이와 상대 모둠의 보물을 빼앗는 어린이들을 결정하고 작전을 짜도록 합니다. 어린이들은 자기 진영에서는 두 발로 걷고 뛸 수 있지만 일단 자기 진영을 나서면 앙감질로만 뛰어야 합니다. 그리고 정해진 문을 통해서만 드나들 수 있습니다. 진영 밖에서 상대 모둠 사람과 마주치게 되면 앙감질을 한 상태에서 서로 밀거나 당겨서 넘어뜨리도록 합니다. 먼저 넘어지거나 두 발이 땅에 닿은 어린이는 잡혀서 잠시 놀이터 밖으로 나가 있도록 합니다. 그러다가 상대 진영의 문을 통과해서 들어가면 두 발을 모두 사용해서 걸을 수

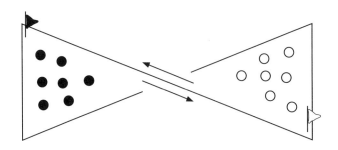

있으며 상대방의 보물을 빼앗을 수 있습니다. 상대 모둠의 어린이들을 모두 잡거나, 보물을 빼앗은 모둠이 이기게 됩니다. 보물은 작은 깃발을 꽂아두거나 모자를 사용할 수 있습니다.

칸 막기

인원수: 20~30명

키 순서로 공평하게 두 모둠으로 나누고 먼저 공격 모둠과 수비 모둠을 정합니다. 공격 모둠은 양쪽 칸 안에 나누어 서 있고, 방어 모둠은 칸과 칸 사이의 통로에 흩어져 서 있도록 합니다. 시작이 되면 공격 모둠 어린이들은 칸과 칸 사이의 통로를 뛰어넘어서 집으로 들어가도록 하고, 방어 모둠은 이들이 들어가지 못하도록 방어를 합니다. 수비 모둠 어린이들은 공격 모둠 어린이들이 뛰어넘을 때 손으로 치거나 선을 밟도록 하며 잡습니다. 이렇게 하여 잡힌 어린이는 칸 밖으로 나가 있도록 합니다. 공격 모둠 어린이 중 한 사람

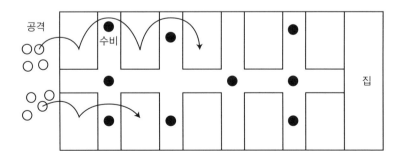

이라도 집으로 들어와서 다시 출발한 칸으로 돌아오게 되면 이기게 됩니다.

이번에는 공수를 바꾸어서 다시 해보세요.

혹뿔 놀이

인원수: 20~30명

두 모둠으로 나누고 공수를 정합니다. 공격 모둠은 바깥 원에 나와 있는 혹
같이 생긴 곳에 들어가 있고, 수비는 원 안쪽 또는 원 밖에 흩어져서 섭니다.
시작이 되면 바깥 원에 들어가 있는 공격 모둠 어린이들은 수비 모둠 어린이
들을 피하여 원을 한 바퀴 돌아갑니다. 수비는 이들이 안전하게 달아나지 못
하도록 원 안팎을 뛰어다니면서 막습니다. 공격 모둠 어린이가 선을 밟으면

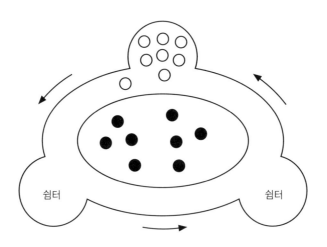

잡힌 것이 되어 원 밖으로 나가 있도록 합니다. 혹이 나와 있는 부분은 피난처인데 일단 그 안으로 들어가 있으면 수비 모둠은 공격할 수가 없으므로 안전하게 쉬면서 친구들과 작전을 짤 수 있답니다. 공격 모둠 어린이 중에서 한 어린이라도 원을 한 바퀴 돌아 제자리로 돌아오면 1점을 얻게 되면서 잡힌 사람들이 살아서 다시 할 수 있는 기회가 주어집니다. 수비 모둠 사람들이 모두 잡히면 공수를 바꾸어서 다시 해봅시다.

ㄹ자 놀이

인원수: 20~30명

두 모둠으로 나누고 각자 자기 진영으로 들어갑니다. 각 모둠에서 2, 3명의 어린이는 자기 집 보물을 지키고 나머지 어린이들은 상대방의 집을 공격하여 보물을 빼앗도록 합니다. 어린이들은 모두 자기 진영에서는 두 발을 모두 땅에 대고 걸을 수 있지만, 자기 진영 밖을 나서는 순간부터는 앙감질로 뛰어야 합니다. 이렇게 하여 상대방의 보물을 빼앗거나, 상대방을 모두 쓰러뜨리는 모둠이 이기게 됩니다.

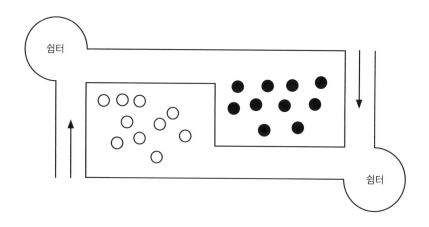

깨금 싸움

준비물: 돌멩이 2개 **인원수:** 20~30명

두 모둠으로 나누고 15m 떨어진 곳에 직경 40cm 정도의 원을 만들고 그 안에 돌멩이를 하나씩 놓아둡니다. 어린이들은 각자 자기 진영으로 가 있다가 시작이 되면 한쪽 손으로 한쪽 발을 잡은 상태에서 앙감질로 뛰어 상대 진영으로 전진합니다. 그러다가 상대 모둠 어린이를 만나면 몸으로 밀치거나 손으로 밀어서 상대방을 쓰러뜨립니다. 넘어지거나, 두 발이 땅에 닿거나, 잡고 있는 발과 손이 떨어지는 어린이는 놀이터를 떠나야 합니다. 이렇게 하여 상대 진영에 놓여 있는 돌멩이를 먼저 줍거나 상대 모둠 어린이들을 모두 무너뜨리는 모둠이 이깁니다.

거북이 힘내기

준비물: 밧줄(8~10m 정도), 수건 2장   **인원수:** 10~20명

8~10m 정도의 굵은 새끼줄 양 끝을 단단히 묶어서 둥근 밧줄을 만듭니다. 중앙에 선을 긋고 이 끝에 두 사람이 거북이처럼 엎드려서 목덜미에 밧줄을 걸고 그 줄을 배 밑 사타구니 아래로 빼서 출발 준비를 합니다. 시작하면 네 발로 힘차게 기어서 상대방을 서로 자기 쪽으로 끌고 가는데, 중앙선까지 자기편으로 많이 끌고 간 사람이 이깁니다.

※ 주의사항 : 수건을 목에 걸치고 밧줄을 걸면 목이 덜 아프답니다.

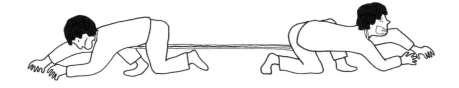

연날리기

준비물: 연 **인원수:** 제한 없음

연날리기는 주로 정월달에 많이 했으며 옛날에는 정월 대보름이면 액(厄)자를 연에 써서, 얼레의 실을 끊거나 또는 다 풀어서 하늘 높이 날려 보내는 것으로 연놀이를 그쳤다고 합니다. 또는 연 가까이 끈에 쑥을 뭉쳐서 불을 붙인 후 연을 띄우면 얼마 있다가 쑥 불이 번져 실이 타서 끊어지면 연이 날아가도록 하기도 했습니다. 모든 궂은 액을 날려 보냄으로써 새로운 기분으로 새해를 맞기 위해서였습니다.

연에 관한 기록은 삼국시대 신라 진덕여왕 원년(서기 647년)에 이미 나와 있습니다. 그 당시 일부 군인들이 여왕이 나라를 다스릴 수 없다고 하여 반란을 일으켰는데 그 내란 중에 어느 날 밤 경주 월성에 큰 별똥이 떨어져 이것이 여왕이 패망할 징조라 하여 반군들의 사기가 충천했다고 합니다. 이때 관군의 지휘관이었던 김유신 장군은 인형을 매단 커다란 연을 만들어 캄캄한 밤중에 연에 불을 붙여 하늘에 띄워 올렸습니다. 마치 별이 다시 하늘로 치솟는 듯이 보이게 하였고, 이에 속은 반군들은 사기가 꺾여 끝내 패망하고 말았다는 흥미진진한 기록이 있지요.

연은 네모꼴, 둥근꼴, 마름모꼴 등 모양이 다양하고 이름도 70여 가지가 넘는다고 합니다. 연놀이에는 누구 연이 가장 높이 나는가를 겨루기, 연줄에 사금파리 가루를 아교나 밥풀에 개어 연줄에 먹인 다음 상대방 연줄 끊어내기, 얼레의 줄과 바람을 이용해서 상하좌우 전후로 교묘히 이동시키는 재주 부리기 등이 있습니다. 이런 연싸움을 즐기기 위해 정월 대보름 하루 이틀 전에는 서울 사람들이 인산인해를 이루었다고 합니다.

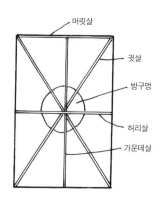

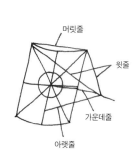

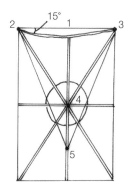

목침 뺏기

준비물: 나무토막(가로, 세로 10cm, 길이 25cm)　　**인원수:** 10~20명

목침 뺏기는 두 사람이 나무토막(가로, 세로 10cm, 길이 25cm)을 서로 반씩 잡고 자기 쪽으로 잡아당기는 힘겨루기 놀이입니다. 책상에 두 사람이 마주보고 앉은 다음 책상 한가운데에 나무토막을 올려놓습니다. 두 사람은 한 손, 또는 두 손으로 나무토막을 반씩 잡은 다음 시작이 되면 서로 나무토막을 잡아당깁니다. 이때 나무토막을 위로 들어 올리거나 좌우로 흔들어서는 안됩니다.

기마전

인원수: 40~100명

모둠별로 네 사람씩 모여서 세 사람은 말이 되고 한 사람은 기수가 됩니다. 힘이 가장 센 사람이 앞에 서고 두 사람이 뒤쪽 양옆에 서서 안쪽 손은 앞 사람의 어깨를 잡고 바깥쪽 손은 앞 사람이 뒤로 보낸 손을 깍지를 끼는 자세로 잡습니다. 이렇게 말을 만들고 그 위에 기수가 올라갑니다. 말 뒤쪽의 두 사람의 안쪽 팔은 말안장이 되고 바깥쪽 팔은 발디딤 역할을 하게 됩니다. 시작 신호가 나면 양 모둠의 사람들은 함성을 외치면서 상대 모둠으로 달려가서 상대 모둠의 기수들을 말에서 떨어뜨리는 매우 격렬한 놀이입니다. 이 밖에도 기수들이 모자를 쓰고 하면서 상대방의 모자를 빼앗는 방법과 공을 던져서 기수를 맞히는 방법도 있습니다. 모자를 빼앗긴 사람은 패하게 되므로 즉시 놀이터에서 나가야 합니다. 말 중에 한 사람이라도 양손이 떨어지는 경우도 마찬가지입니다. 시간을 정하여 어느 모둠의 말이 더 많이 살아 있는지 겨루어 봅시다. 공으로 하는 기마전은 말과 기수 외에 공을 줍는 사람이 두세 명 더 있다는 점이 다릅니다. 모둠별로 공을 두세 개 나누어주고 시작하면 기수들은 공을 상대방 기수에게 던져서 맞힙니다. 공에 맞은 기수와 말들은 죽게 되므로 날아오는 공을 잡거나 피하도록 합니다. 공을 줍는 사람들은 공을 주워서 자기 모둠의 기수에게 가져다줍니다. 이 기마전도 마지막까지 살아남은 기수가 많은 모둠이 이기게 됩니다.

까막잡기

준비물: 눈가리개 2개   **인원수:** 20~40명

까막잡기는 어두운 밤에 순찰하는 순찰 대원이 도둑을 잡는 것처럼 눈을 감고 캄캄한 중에 사람을 찾는 놀이라 하여 붙여진 이름입니다. 두 모둠으로 나누고 번갈아가며 둘러앉습니다. 각 모둠에서 1명씩 나와서 가위바위보를 하여 이긴 어린이가 쥐가 되고, 진 어린이는 고양이가 됩니다. 두 어린이는 눈가리개로 눈을 가리고 원 안에 흩어집니다. 시작이 되면 쥐는 그 자리에서

손뼉을 "짝! 짝!" 치고 고양이는 그 소리를 듣고 쥐를 잡으러 갑니다. 하지만 쥐는 잡히지 않으려고 자리를 옮기고 고양이는 손뼉 소리를 듣고 쥐를 따라가서 잡아야 합니다. 주위에 둘러선 어린이들은 조용히 있으면서 두 사람이 쫓고 피하는 모습을 즐기세요. 술래들은 원 밖을 나가서는 안됩니다. 이 놀이는 시간을 정해 놓고 붙잡도록 하거나 쥐가 박수를 몇 번 치도록 정해 놓고 그 안에 고양이가 붙잡도록 할 수 있습니다. 이와 같은 식으로 다른 두 사람이 술래가 되어서 계속해보세요. 눈을 가리고 하는 놀이여서 잔디밭에서 하는 것이 안전합니다.

오십보백보

인원수: 10명 이하

어린이들은 출발선과 목표점(약 30~50m 전방)을 정한 다음 출발점에 모여 섭니다. 시작되면 어린이들은 출발점에서 가위바위보를 하여 이긴 사람이 미리 정해진 거리만큼 앞으로 전진하게 됩니다. 즉 가위를 내어서 이기면 5보, 보자기를 내어서 이기면 10보, 주먹을 내어서 이기면 20보를 전진합니다. 앞으로 전진할 때는 정해진 걸음 수만큼을 정확하게 가야 하는데, 최대한 멀리 뛸수록 좋습니다. 놀이가 진행됨에 따라 선두와 후미의 거리가 꽤 멀어져서 가위바위보의 손동작이 잘 보이지 않는 경우가 있으므로 팔 가위바위보나 다리 가위바위보를 사용하면 좋습니다.

팔 가위바위보

차렷 자세에서 제자리 뛰기를 하고 떨어지면서 팔을 옆구리에 붙이고 주먹 쥔 손을 허리에 붙이면 바위, 팔을 취권 모양으로 가슴 앞으로 내밀면 가위, 팔을 구부리고 양옆으로 손목만 굽혀 날카롭게 내밀면 보자기입니다. 이 동작들은 '다리 가위바위보' 동작과 합쳐서 사용해도 재미있습니다.

다리 가위바위보

차렷 자세에서 제자리 뛰기를 하고 떨어지면서 다리를 옆으로 벌리면 보자기, 앞과 뒤로 벌리면 가위, 가운데 모으면 바위가 됩니다.

윷놀이

준비물: 윷, 윷판, 말   **인원수:** 2~10명

윷놀이는 이미 삼국시대 이전부터 즐겨왔던 것으로 추측할 뿐, 그 유래나 기원에 대해서는 아직까지 정설이 없습니다. 남녀노소 귀천 없이 만인에게 사랑을 받는 윷놀이는 주로 정초 명절이 되면 이곳저곳에서 벌어집니다. 남자들은 동네 마당이나 집 안뜰에 멍석이나 가마니를 펴놓고 여자들은 안방이나 마루방에 방석을 깔아 놓고 윷가락을 내던져, 윷가락이 없어지고 잦혀지는 데에 따라 웃음꽃이 만발하였습니다. 윷판(말판, 넉동판)은 대개 종이에 그려 사용하나 마당에서 놀 때는 땅바닥에 그리기도 합니다. 말밭의 수는 모두

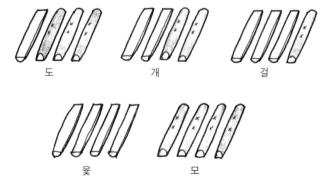

도   개   걸

윷   모

스물아홉 곳이며(그림 참조), 말은 모둠당 4개씩 가지는데 모양이나 색깔을 달리
하여 구분합니다.

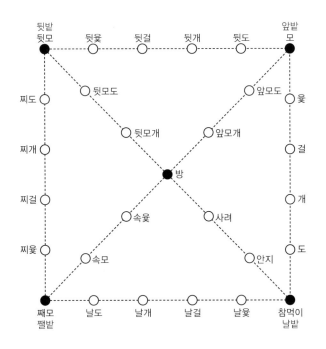

놀이 방법은

1) 둘이 하거나 2~4명씩 여러 모둠으로 나눕니다.

2) 던진 윷가락이 나온 대로 말을 옮깁니다. 즉 도는 1밭, 개는 2밭, 걸은
   3밭, 윷은 4밭, 모는 5밭을 가게 되는데 윷과 모가 나오게 되면 한 번 더
   할 수 있습니다.

3) 상대방 말을 잡게 되면 다시 할 수 있습니다.

4) 자기 말끼리는 두 동, 석 동, 넉 동으로 업혀서 함께 갈 수 있습니다.

5) 네 개의 윷가락 중에 하나를 골라 평평한 부분에 표시를 하여 두고 이 윷가락으로 도가 되면 오던 길로 한 밭 되돌아가야 합니다. (소위 백도)

6) 이렇게 하여 네 개의 말이 모두 빠져 나온 사람(모둠)이 누구인지를 가려보는 것입니다.

쥐불놀이

준비물: 깡통, 철사   **인원수:** 제한 없음

쥐불놀이는 음력 정초부터 보름달 전후 밤에 논두렁이나 둑에 있는 마른 풀에 불을 질러 까맣게 태우는 놀이입니다. 예전에는 바싹 말린 쑥을 지름 5cm 정도의 다발로 묶어 공중에 빙빙 돌려서 불을 붙였다고 합니다. 요즘에는 구멍을 숭숭 낸 깡통에 철사를 길게 매달아 나무나 종이를 넣고 불을 붙여서 빙빙 돌리기도 합니다.

돌팔매

준비물: 오재미(인원수의 2배)　　**인원수:** 10명 이상

돌싸움이라고도 하는 이 놀이는 우리 조상들이 오래전부터 설날과 단오날에 즐겨왔습니다. 옛날에는 인근의 두 마을 사람들이 정월대보름을 중심으로 며칠 동안 돌팔매 싸움을 벌였다는 기록이 있습니다. 대부분 개천을 경계로 하여 상대 마을 사람들을 향하여 돌팔매질을 했습니다. 처음에는 사내아이들이 싸우다가 한 편이 져서 마을로 쫓겨 들어오면 청년들이 나서고, 마지막에는 어른들이 돌싸움에 나섰다고 하였으니 그야말로 애들 싸움이 어른 싸움이 된 격이지요. 이렇게 돌팔매 놀이는 온 마을 사람들이 모두 달려들었으며, 편싸움에서 머리에 돌을 맞은 흔적이 없으면 수치스럽게 생각했습니다. 또한 적에게 쫓겨 집에 돌아오면 어머니에게 호되게 꾸지람을 들었다고 합니다.

　돌은 손으로 던지기보다는 아기 주먹만 한 돌을 골라서 '줄팔매' 또는 '망팔매'라는 보에 끼워서 던졌습니다. 돌을 던져서 사람을 맞추는 돌팔매는 전쟁과 다를 바 없는 치열하고 살벌한 싸움이었습니다. 그래서 실제로 사상자가 속출했다고 해도 누구에게도 하소연할 수 없었습니다. 이 돌팔매가 얼마나 격렬했었는지는『동국세기』에 기록된 서울의 편싸움을 읽어보면 알 수 있습니다.

> "3문(지금의 동대문, 서대문, 남대문) 밖과 아현동 사람들이 떼를 이루고 편을 갈라서 몽둥이를 들거나 돌을 던지고 고함을 치면서 만리동 고개에서 편싸움을 한다. 쫓겨서 도망가는 편이 지는 것이다. 속담에 3문 밖이 이기면 경기도가 풍년이 들고, 아현동 편이 이기면 다른 지방들에 풍년이 든다고 한다. 용산과 마포의 불량 소년들은 작당하여 아현동 쪽을 돕는다. 매우 심한 싸움일 때는 고함치는 소리가 천지를 흔들고 머리를 싸매고 서로 공격하는데 이마가 터지고 팔이 부러지고 피를 보고서도 그치지 않는다. 비록 사상에 이르러도 후회하지 않으며 생명에 대한 보상법도 없다. 성난 이 아이들과 이를 흉내 내어 종로 네거리와 관수동 등에서 편싸움을 했으며, 성 밖에서는 만리동과 우수현(후암동 고개)이 편싸움의 장소가 되었다."

이렇게 격렬한 전쟁 놀이를 벌이고도 이웃 마을끼리 화평을 유지하여 온 것은 신기하고도 경이롭습니다. 실전에 가까운 돌싸움에서 놀이의 규칙이 어떻게 지켜졌는지도 궁금한 일입니다. 야영을 나가서 모기 한 방 물려도 난리법석을 떠는 부모들이 많은 오늘날 옛날 그 모습 그대로 돌팔매 놀이를 한다는 것은 불가능한 일입니다. 또한 그래서도 안 되지요. 하지만 아쉽게라도

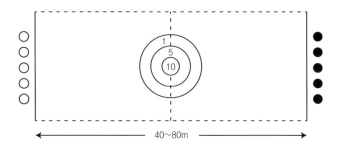

40~80m

조상들의 기상과 패기를 떠올리며 돌 대신 콩 주머니를 가지고 편싸움을 해 볼 수 있습니다. 두 모둠으로 나누어서 두 모둠 사이에 8~10m 정도 간격을 두고 정렬합니다. 모든 어린이들에게 콩주머니(오재미)를 두세 개씩 나누어주고 시작하면 오재미를 던져서 상대편 사람들을 맞힙니다. 이렇게 하여 오재미에 세 번 얻어맞은 사람은 놀이터에서 나와서 자기 모둠을 응원합니다. 자기 진영으로 날아온 오재미는 주워서 계속 사용할 수 있으며 상대편 어린이들을 모두 맞춘 모둠이 이깁니다.

북한 어린이들은 오늘날 다른 방법으로 즐기고 있습니다. 우선 두 모둠으로 나누어서 40~80m 떨어져 선을 긋고 마주봅니다. 놀이터 중앙에는 위와 같은 과녁을 땅에 그립니다. 가위바위보로 순서를 정하여 이긴 모둠의 어린이가 돌을 던져서 과녁 안에 들어가도록 합니다. 던진 돌멩이가 과녁의 한가운데 가장 작은 원 안으로 들어가면 10점, 두 번째 원에 들어가면 5점, 가장 큰 바깥 원에 들어가면 1점이 됩니다. 이렇게 하여 두 모둠이 번갈아가며 돌을 던진 다음, 얻은 점수를 합하여 어느 모둠이 더 많은 점수를 얻는지 겨루어 봅시다.

널뛰기

준비물: 널 **인원수:** 제한 없음

널뛰기는 정초에 즐기는 대표적인 놀이로서 주로 여자들이 즐겼습니다. 울 안에만 갇혀 지내던 부녀자들이 널 위에서 높이 뛰어올라 담장 밖 세상을 살 폈다고 합니다. 또한 담 건너편 감옥에 갇혀 있는 남편을 보고 싶은 아내가 다른 죄인의 아내를 꾀어 둘이 널뛰기를 하면서 그리운 남편을 잠시 보며 한 을 풀었다는 이야기도 전해져 내려오고 있는데, 사실인지 아닌지는 확인할 길이 없습니다. 널뛰기는 생각보다 힘든 놀이여서 여럿이 교대하며 함께 즐 깁니다.

강강술래

인원수: 제한 없음

강강술래는 정월 대보름과 8월 한가위에 휘엉청 달 밝은 밤에 마을 처녀들과 아낙네들이 새 옷으로 곱게 단장하고 손에 손을 잡고 원형으로 모닥불 주위를 빙빙 돌며 하는 원시 형태의 무용입니다. 강강술래의 형태는 느리고 슬픈 느낌의 진양조, 즉 늦은 강강술래와 뛰면서 부르는 잦은 강강술래 두 가지가 있습니다.

선소리꾼(사회자), 즉 소리를 매기는 사람이 길게 노래를 부르면, 다른 사람들은 "강강술래" 하고 후렴을 재창하면서 둥글게 돕니다. 가락이 점점 빨라지고 움직임도 빨라지면서 강강술래를 제창하는 참가자들은 혼연일체가 되어 분위기가 고조됩니다. 소리를 매기는 사람이 선창을 할 때 즉흥적으로 노래 내용을 이어가면 흥이 더 납니다. 여기에 잦은 강강술래의 노래 한 수의 예를 소개합니다.

"달 떠온다 달 떠온다 강강술래 / 동해동천 달 떠온다 강강술래
  저것이 뉘 달인가 강강술래 / 방호방내 달이로다 강강술래

방호방은 어디 가고 강강술래 / 달뜨는 줄 모르는가 강강술래

달뜨는 줄 안다마는 강강술래 / 기가 막혀 못가겠다 강강술래

기막힐 때 오라했네 강강술래 / 나를 보러 오라했네 강강술래

대밭에는 대도 총총 강강술래 / 하늘에는 달도 총총 강강술래

꽃밭에는 꽃도 총총 강강술래 / 총총 하늘에 별도 많아 강강술래"

돼지불알

인원수: 20~40명

우선 길이가 30~40m 정도 되는 길을 다음과 같이 그립니다. 길의 폭은 좁은 곳은 50cm 정도, 넓은 곳은 1.5m 정도 되게 변화무쌍하게 그리면 됩니다. 한쪽 끝에는 모둠 친구들이 충분히 들어갈 수 있을 만큼 집을 크게 만들고, 반대쪽에는 종착역을 만듭니다. 이렇게 길 그리기를 마치면 10~20명씩 두 모둠을 만들고 가위바위보로 공격과 수비를 정합니다. 공격 모둠 어린이들은 집으로 모두 들어가고 수비 모둠 어린이들은 길 구석구석으로 흩어져서 길목을 지킵니다. 시작이 되면 공격 모둠 어린이들은 집을 떠나서 종착역을 향해 달려가고

종착역

수비하는 친구들은 그들을 길 밖으로 끌어냅니다. 이렇게 하여 공격 모둠 어린이 중에서 한 사람이 종착역에 도달하면 공격 모둠이 이깁니다. 반대로 수비 모둠 어린이들이 공격 모둠 어린이들을 모두 끌어내면 수비 모둠이 이깁니다. 이렇게 하여 두 모둠이 공수를 바꾸어서 계속합니다.

칠교놀이

칠교란 7가지 조각이란 뜻입니다. 즉 이 놀이는 얇은 나무 조각이나 골판지를 잘라 만든 일곱 가지 조각을 가지고 여러 모양으로 만들며 즐기는 놀이입니다. 이 놀이는 주로 우리 선조들이 찾아온 손님들과 음식상이 들어오기 전에 사랑방에서 즐기던 놀이라 하여 유객판(留客板)이라고도 하고 온갖 지혜를 짜서 갖가지 모양을 만들어야 하므로 지혜판이라고도 불립니다.

칠교판은 한 변이 15cm 정도 되는 나무판을 그림과 같이 잘라서 일곱 조각으로 만듭니다. 즉 큰 삼각형 두 개, 중간 크기의 삼각형 한 개, 작은 삼각형 두 개, 정삼각형 한 개, 마름모꼴 한 개를 만듭니다.

칠교놀이는 혼자서 즐길 수도 있고, 편을 갈라서 할 수 있습니다. 혼자서 즐길 때는 사람, 동식물, 글자 등 여러 가지 모양을 그려놓은 칠교도를 보고 조각을 이리저리 짜맞추어서 모형을 만들어 봅니다. 어떤 경우든지 일곱 조각을 모두 사용해야 합니다. 모둠을 나누어서 즐길 때에는 지도자가 모둠 사람들에게 같은 모양의 칠교도를 나누어주고 어느 모둠이 먼저 모형을 만드는지를 가려봅니다. 이긴 모둠에게 1점을 주고 다른 칠교도를 나누어주어

다시 해보도록 합니다. 칠교놀이는 할머니, 할아버지로부터 어린아이들까지 누구나 즐길 수 있는 놀이입니다.

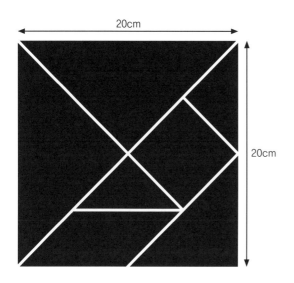

■ 칠교도

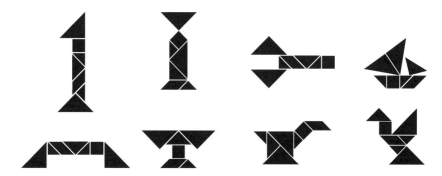

38선 놀이

인원수: 20~60명

〈가〉 모둠은 5개의 〈나〉 모둠 수비망(38선)을 뚫고 목표점에 도달해야 합니다. 〈나〉 모둠의 수비망에는 각각 2명씩의 보초가 서 있는데 〈가〉 모둠의 어린이가 38선을 뚫고 지나가다 보초들에게 잡히면 그 사람은 잡혀서 놀이터에서 나가도록 합니다. 〈나〉 모둠의 보초들도 수비를 하다가 자신의 구역(어두운 부분, 흰부분은 〈가〉 모둠 구역)을 이루고 있는 선을 밟으면 잡혀 나가게 됩니다. 또한 공격하는 〈가〉 모둠은 38선을 뚫을 때 〈나〉 모둠의 구역을 발로 밟으면 아웃이 되므로 뛰어서 넘어가야 합니다. 그러므로 보초도 피하고 남의 구역도 밟지 않아야 하나의 관문을 통과한 것이 되지요. 이런 식으로 5개의 관문을 통과해야 합니다. 혼자서는 통과하기가 어려우므로 같은 편끼리 작전을 잘 짜서 정해진 시간 내에 될수록 많은 인원을 목표점까지 보내는 모둠이 이깁니다.

〈가〉 모둠(공격 모둠)이 자신의 구역(흰 부분)에 있다고 마음을 놓고 있다가는 〈나〉 모둠(방어 모둠)의 어린이가 손을 뻗어서 치게 되면 〈가〉 모둠의 어린이는 잡히니까 주의하세요. 즉 〈가〉 모둠의 어린이는 자신의 구역(흰 부분)에 있더라도

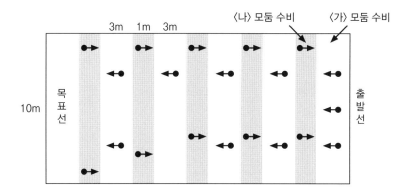

앞뒤(검은 부분)의 〈나〉 모둠 어린이를 잘 살펴서 그들의 손을 피해야 합니다. 한편 목표점까지 갔다가 다시 출발점으로 되돌아오도록 하면 더욱 재미있습니다. 물론 되돌아올 때도 규칙은 동일합니다. 〈가〉 모둠의 모든 어린이는 출발점에서 한꺼번에 출발하지만, 놀이가 진행됨에 따라 먼저 38선을 몇 군데 통과한 사람과 그렇지 못한 사람으로 나눠지게 됩니다. 이때 먼저 38선을 모두 통과하여 목표점에 도달한 사람은 다시 출발선으로 돌아오면서 〈나〉 모둠의 보초들을 혼란스럽게 하여 아직 못 건너온 자기편 사람들을 도와줍니다. 출발점으로 돌아오다가 〈나〉 모둠의 수비망에 걸려서 잡혀 아웃이 되면 정말 억울하니 조심하세요. 38선 놀이는 지역에 따라 사다리 놀이, 적진 뚫기라고 부릅니다.

오리망

준비물: 말(납작한 돌멩이)　**인원수:** 2~10명

땅바닥에 그림과 같이 놀이판을 만들고, 그 안에 돌멩이를 던져 놓고 앙감질로 돌멩이를 쳐서 옮겨가는 놀이입니다. 오리망은 전국적으로 퍼져 있어서 종류가 여러 가지 있으나, 그 대표적인 예를 설명하면 다음과 같습니다. 말을 1칸에 던져놓고 앙감질로 2번 칸에 보냅니다. 이때 말이 선 밖으로 나가거나 선에 닿으면 실격이며 다음 사람이 이어서 합니다. 이렇게 3, 4, 5, 6, 7, 8의 순서로 앙감질로 전진하는데 3번 칸에서는 4, 5, 6을 거치지 않고 7번으로 건너뛸 수도 있습니다. 3번 칸에서 건너뛰어 7번 칸으로 말을 보내면 다리를 벌려 4, 5번 칸을 두 발로 딛고 앙감질로 6, 7칸으로 건너가서 말을 맨 끝 칸인 8번 칸으로 보냅니다. 3번 칸에서 될 수 있는 한 적은 칸 수를 거쳐 8번 칸에 이르는 어린이가 이깁니다.

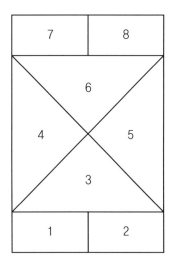

땅재먹기

준비물: 납작한 돌(지름2~3cm)   **인원수:** 2~5명

이 놀이는 지방에 따라 땅뺏치기, 따별튀기, 땅먹기, 꼬꼬락치기, 따별치기 라고도 합니다. 맨땅에 지름 2~3m 정도의 원을 그립니다. 어린이들은 각자 적당한 간격을 띄어 자기 집(반지름 약 10cm)을 같은 크기로 그립니다. 순서를 정 하고 첫 번째 사람부터 자기 집에 돌(지름 2~4cm의 납작한 돌)을 놓고 손가락으로 돌

119

을 튕겨서 세 번 이내에 자기 집으로 돌아와야 합니다. 물론 두 번만 하여서 돌아와도 좋으나 실패하게 되면 다음 사람에게 공격권을 내주어야 하며 성공하면 계속합니다. 일단 성공하였으면 손 뼘으로 재서 상대팀의 집에 닿을 경우 그 연장선을 그어 자기 집으로 만들 수도 있습니다. 남의 집은 절대 들어갈 수 없으나 남의 집을 통과하여 자기 집으로 돌아오면 남의 집을 따먹을 수도 있지요. 공터가 남아 있지 않을 때까지 계속하여 넓은 터를 차지한 사람이 이깁니다.

놋다리밟기

인원수: 제한 없음

놋다리밟기는 원래 정월 대보름 달밤에 부녀자들이 하던 집단놀이입니다. 놋다리라는 것은 일렬로 선 사람들이 모두 허리를 굽혀서 앞사람의 허리를 두 손으로 잡고 머리는 앞사람의 엉덩이 왼편에 대고 이룬 대형이지요. 이렇게 구부린 사람의 행렬 맨 뒤에 있는 사람이 등 위를 걸어서 맨 앞으로 가서 내립니다. 이렇게 계속해서 행렬은 전진하게 되는데 두 사람이 행렬 양편에 서서 등 위를 걷는 사람의 손을 부축해 주어야 합니다. 맨발로 걷도록 하여 상처 나는 일이 없도록 하며 협동심, 섬김, 그리고 겸손의 자세를 깨우치는 소중한 놀이랍니다. 이때에 부르는 여러 노래 가운데 하나를 소개해 봅니다.

이 기와는 뉘 기완가 / 나라님의 옥기와지 / 이 터전은 뉘 터인가 / 나라님의 옥터일세

그 어데서 손이 왔노 / 경상도서 손이 왔네 / 몇 댓간을 밟고 왔네

무슨 옷을 입고 왔노 / 철깁 옷을 입고 왔네 / 무슨 갓을 쓰고 왔노 / 용당갓을 쓰고 왔네

무슨 갓끈 달고 왔노 / 정 갓끈 달고 왔네 / 무슨 망건 쓰고 왔노 / 외올 망건 쓰고 왔네

무슨 풍장 달고 왔노 / 호박 풍장 달고 왔네 / 무슨 창의 입고 왔노 / 남창의를 입고 왔네

무슨 띠를 띠고 왔노 / 관디 띠를 띠고 왔네 / 자주 비단 동저고리 / 무명주 고루 바지

오록조록 구비입고 / 무슨 버선 신고 왔노 / 타래 버선 신고 왔네 / 무슨 행전 치고 왔노

자지 행전 치고 왔네 / 무슨 신을 신고 왔노 / 목파래를 신고 왔네 / 무슨 반에 밥을 주노

제주 반에 차려 주데

〈놋다리밟기에 얽힌 이야기〉

 고려 말 공민왕이 황건적의 난을 맞아 추운 겨울 노국공주와 함께 안동으로 피난 가던 중에 큰 내를 만났습니다. 나룻배도 다리도 없는 내를 건너던 노국공주를 안타까이 바라보던 주민들이 냇가로 들어가서 허리를 굽혀 인간 다리를 만들었더니 노국공주가 이들의 등을 밟고 내를 건넜다고 합니다.

해바라기

인원수: 20~40명

우선 아래의 그림을 땅바닥에 그립니다. 크기는 참가자의 수에 따라 적당하게 그리도록 하십시오. 같은 수로 두 모둠을 만들고 공수를 정합니다. 공격 모둠은 〈가〉 구역으로 가고 수비 모둠은 〈나〉 구역으로 들어가면 놀이가 시작됩니다. 공격 모둠은 화살표 방향으로 전원이 달려가서 다시 〈가〉 구역으로 무사히 돌아와야 합니다만, 결코 쉽지가 않습니다. 수비 모둠 사람들은

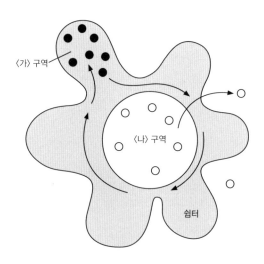

〈나〉 구역에서 바깥을 넘나들면서 통과하는 공격 모둠의 사람들을 밖으로 밀어내거나 끌어당기기 때문입니다. 공격 모둠 사람들은 잎이 넓은 지역에서는 안전하므로 잠시 쉬어 갈 수 있습니다. 선을 밟은 공격 모둠 사람은 즉시 놀이터 밖으로 나가도록 하며, 출발 지점인 〈가〉 구역으로 무사히 돌아온 사람이 몇 명인지 알아보고 공격과 수비를 바꾸어서 다시 해봅시다. 그렇게 하다보면 살아남은 사람이 더 많은 모둠이 이기게 되지요. 이와 같은 방법으로 여러 번 해보세요. 할 때마다 해바라기 모양이 조금씩 달라져서 늘 새로운 기분이랍니다.

하늘 가는 징검다리

준비물: 직경 7~10cm 정도의 납작한 돌(인원수만큼)　　**인원수:** 3~5명

그림과 같이 땅바닥에 원들을 그리고 번호를 적어 넣습니다. 어린이들은 주위에서 각자 직경이 7~10cm 정도인 넓적하고 단단한 돌을 하나씩 주워 옵니다.

　가위바위보로 순서를 정하고 첫 번째 어린이가 선 채로 돌을 1번 원 안에 던져 넣습니다. 돌이 들어 있는 원은 밟을 수가 없으므로 팔짝 뛰어서 2, 3번 원에 발을 하나씩 내딛습니다. 이때 한 원에는 발 하나만 들여 놓을 수 있습니다. 따라서 두 개가 나란히 놓인 원(2, 3번, 5, 6번, 8, 9번 원)에는 두 발을 한 원에 하나씩 놓을 수 있지만 1, 4, 7번에는 외발로 서 있을 수밖에 없습니다. 이렇게 하여 1번으로 다시 돌아오면 땅에 닿은 발로 돌을 차서 출발선을 넘깁니다.

　그리고 어떤 원에서도 두 번 땅을 밟을 수 없으므로 연속적으로 뜀박질을 해야 하고 8, 9번 원에서는 한번에 180도 방향을 전환하여 발을 바꾸도록 합니다. 1번을 무사히 마치면 2번 원 안으로 돌을 던져서 같은 방법으로 계속 하다가 발로 선을 밟거나, 찬 돌이 출발선을 넘지 못하거나, 한 원에서 두 번 이상 발을 떼면 죽게 되므로 즉시 다음 사람으로 이어집니다.

순서가 돌아온 어린이는 자기가 죽었던 그 원에서 다시 시작하게 되며 이렇게 계속하여 하늘나라에까지 먼저 이른 어린이가 누구인지를 가려봅시다.

안경 놀이

인원수: 20~30명

술래 한 사람이 안경알 바깥쪽에 서고 나머지 어린이들은 안경알 양쪽에 반반씩 들어가 있도록 합니다. 시작하면 어린이들은 안경알 사이를 왕래하는데 이때 술래는 안경알 사이를 잇는 안경테를 건너뛰면서 이들을 밖으로 끌어내도록 합니다. 안경테 안에 있는 어린이들도 안전하지만은 않습니다. 술래가 밖에서 붙잡고 끌어낼 수 있기 때문이지요. 이렇게 하다가 한쪽 안경알이 비어 있을 때 술래가 그 안으로 잽싸게 들어가서 "만세!"를 외치면 술래가 이기게 됩니다. 안경의 크기는 인원수를 감안하여 적당하게 만들도록 하세요.

길 내기

인원수: 20~40명

각 모둠에서 주장이 한 사람씩 나와서 가위바위보를 하여 진영을 정합니다. 이긴 모둠은 안쪽 사각형으로 들어가고 진 모둠은 바깥쪽 사각형 안으로 들어갑니다. 시작이 되면 각 모둠 어린이들은 상대방 친구들을 당기고 밀치고 하여서 선을 밟거나 선 밖으로 나가도록 합니다. 안쪽에 있는 어린이들은 앙감질로 진 밖으로 나가서 상대방을 공격할 수 있습니다. 바깥 원 어린이들은 이런 와중에 모두 잡히면 지게 되고, 어느 한 어린이라도 한 바퀴 돌아서 출발한 귀퉁이 지점(쉼터)으로 다시 돌아오게 되면 바깥 모둠이 이기게 됩니다. 쉼터에서는 두 발을 땅에 대고 쉴 수 있습니다.

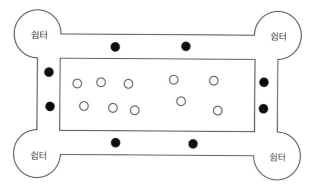

129

별 놀이

인원수: 20~30명

〈가〉 모둠은 별 모양의 오각형 칸 중앙에 들어가 서 있고, 〈나〉 모둠은 다섯 개의 삼각형 중 하나에 들어가 있습니다. 시작이 되면 〈나〉 모둠 어린이들은 〈가〉 모둠 어린이들에게 잡히지 않고 다음 삼각형 안으로 계속 무사히 넘어가서 제 위치로 돌아와야 합니다. 〈가〉 모둠 어린이들은 당연히 이들을 붙잡아 끌거나 밀치기를 하여서 칸을 넘지 못하도록 해야 하지요. 선을 밟거

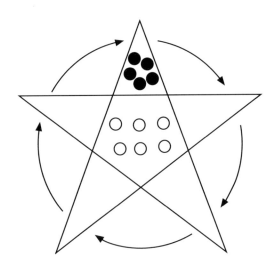

나 선 밖으로 나가면 잡히는 것이 되어서 놀이터 밖에 서 있도록 합니다. 이렇게 하여 〈나〉 모둠 어린이들이 모두 잡히면 〈가〉 모둠이 이기고, 반대로 〈나〉 모둠의 어린이 중 하나라도 무사히 한 바퀴 돌아오면 〈나〉 모둠이 이기게 되지요. 이렇게 하여 두 모둠이 다시 진영을 바꾸어 해봅시다. 이 놀이는 전국적으로 주로 5, 6학년 어린이들이 즐기고 있는 놀이랍니다.

말차기

말차기는 중부 이남지방에서는 '돌차기', 평안도에서는 '망차기', 함경도에서는 '마우차기', 서울에서는 '오랫말'이라고 불려지고 있을 만큼 전국의 어린이들이 즐기고 있습니다.

'말', '망', '마우'는 모두 이 놀이에 쓰이는 돌을 말합니다. 돌의 크기는 직경 5~8cm, 두께 3~5cm 정도의 것이 적당합니다. 이 놀이는 대부분 어린이 2~5명이 함께 노는데 2, 3명씩 편을 갈라서 놀기도 합니다. 이 놀이를 할 때는 처음부터 끝까지 앙감질로 뛰어야 하며, 말이 금에 닿거나 잘못 차서 금 밖으로 나가면 다음 사람이 하게 됩니다.

네 밭 말차기

준비물: 말(납작한 돌)   **인원수:** 2~5명

집에 들어가서 말을 1밭에 던져 넣고 앙감질로 뛰어 1밭에 들어가서 말을 발끝으로 차서 2밭으로 옮깁니다. 다음은 그 밭으로 들어가서 말이 3밭으로 들어가게 하고 다시 4밭으로 옮겨 놓습니다. 4밭에서는 언제든지 두 발을 땅에 딛고 쉴 수 있으며, 여기서 다시 말을 차서 1밭으로 보냈다가 집으로 차고 옵니다. 이렇게 한 차례 돌고 난 다음에는 말을 2밭에 던져놓고 앞에서와 같이 돌아나옵니다. 3밭과 4밭을 먼저 돌고 나면 첫 번째 놀이는 끝나게 되지요.

이번에는 다시 집에 들어서서 말을 발등에 얹은 다음, 이것을 높이 올려 차서 한 손으로 잡습니다. 그리고 말을 밭에 던져놓고 앙감질로 말이 놓인 1밭을 뛰어넘어서 2밭, 3밭, 4밭을 거쳐 다시 1밭에 들어가 말을 차서 집으로 내보냅니다.

그다음에는 집에 말을 놓아둔 채, 두 눈을 감고 앙감질로 뛰어서 1밭, 2밭, 3밭, 4밭으로 갑니다. 4밭에서는 쉬면서 눈을 떴다가 말의 위치를 살펴본 뒤에 다시 눈을 감고 앙감질로 3밭부터 반대로 돌아가서 집에 둔 말을 더듬어 찾아쥐고 집을 나옵니다. 눈을 감았기 때문에 자기가 밭에 옳게 들어섰는지

133

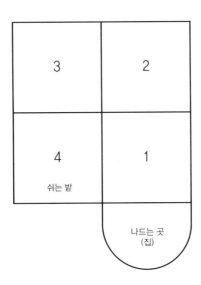

알지 못하므로 밭을 옮길 때마다 친구들에게 "됐니?" 하고 도움을 청할 수 있습니다. 이때에는 같은 모둠의 어린이가 "됐어" 하고 대답하고 다음번에는 짧게 뛰라든지 또는 더 멀리 뛰라고 일러주며 상대는 밭마다 따라 다니며 이를 확인해 줍니다.

또 '집 사기'라고 하여 집에서 뒤로 돌아서서 말을 밭으로 던집니다. 만일 말이 3밭으로 들어가게 되면 그 어린이는 1밭을 얻은 것이 됩니다. 이때에는 앙감질로 1밭에 뛰어가서 거기서부터 말을 차고 차례차례 나가서 집으로 돌아옵니다. 다음에도 다시 돌아서서 말을 던지는데 말이 3밭으로 거듭 들어가면 무효가 되지요. 얻은 집을 또 얻을 수 없기 때문입니다.

주의할 점은 남의 집에는 들어가거나, 말을 던져 넣지도, 차 넣지 못하고, 사람이 들어갈 수도 없다는 점입니다. 따라서 가는 앞길에 남의 집이 있을 때에는 그 집을 뛰어 넘어가야 하며, 말이나 사람이 잘못해서 들어갔을 때에는 무효가 됩니다. 이렇게 하여 서로 몇 칸씩 차지한 다음 다시 얻을 집이 없게 되면 이 차례의 놀이가 끝나게 됩니다.

'집 빼앗기'는 이 놀이의 마지막 부분입니다. 이번에도 뒤로 돌아서서 말을 던지는데, 먼저와는 달리 반드시 말이 남의 집으로 들어가야 합니다. 가령 돌이 남의 밭인 3밭에 들어가서 이를 한 바퀴 차고 나왔다고 하면 이 밭을 빼앗은 것이 됩니다

하늘밭 망차기

인원수: 2~5명

북한 어린이들이 즐기는 하늘밭 망차기는 네 밭 말차기와 비슷합니다. 순서를 정하여 첫 번째 어린이가 집(나드는 곳)에 들어가서 1밭에 망을 던져 넣고 한 발로 뛰어 들어가 망을 2밭에 차 넣습니다. 같은 방법으로 6밭까지 간 다음 5밭에서 하늘밭에 들어가면 두 발을 모두 땅에 대고 섭니다. 잠시 쉰 다음 두 발을 모두 뛰어서 망을 치기 좋은 자리를 찾아 들어갑니다. 1~6밭까지 갔던 같은 방법으로 10밭까지 가서 집으로 돌아오면 1밭은 나게 됩니다. 이렇게 10밭까지 다 나면 하늘밭을 지나야 하는데 하늘밭에는 집에서 돌아서서 망을 머리 너머로 던져 넣습니다. 망이 하늘밭으로 들어가면 서 있는 자리에서 몸을 뒤로 돌려 한 발로 1밭에 들어가서 2, 3, 4, 5밭을 거

하늘밭	
6	5
7	4
8	3
9	2
10	1
나드는 곳 (집)	

쳐 하늘밭에 가서 두 발을 땅에 짚고 잠시 쉽니다. 그런 다음 한 발을 들어서 망을 6밭으로 차 넣고 7, 8, 9, 10밭을 거쳐 집까지 나오면 놀이는 끝이 납니다. 누가 먼저 하는지 친구들과 겨루어 봅시다.

가위 말차기

인원수: 2~5명

이 놀이는 '용문 말차기'라고도 하며 놀이의 방법은 앞의 것과 비슷하지만 '용문'이라는 집이 하나 더 있고, 또 가위의 날처럼 ×를 지른 밭을 지나가는 과정이 복잡합니다. 집에서 말을 〈가〉 밭에 던지고 앙감질로 뛰어 말을 차면서 2밭까지 갑니다. 2밭에서는 다시 말을 마 밭으로 차서 옮겨 놓고 앙감질 그대로 1밭에 들렀다가 2밭과 4밭에 와서는 두 발을 내리고 쉬며 다시 앙감질로 3밭을 거쳐 〈마〉 밭으로 가서 말을 찹니다. 이렇게 한 뒤에 〈가〉 밭과 〈나〉 밭을 돌아서 말을 숫자 밭에 넣지 않고 용문으로 차 넘깁니다. 그리고 앙감질 그대로 4밭을 거쳐서 1밭과 3밭에서 발을 내리고 쉬었다가, 다시 앙감질로 2밭을 지나서 용문으로 나갑니다. 용문에서는 발등에 돌을 엎

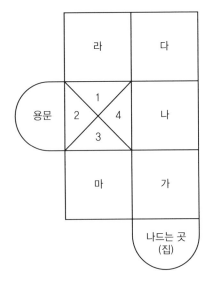

고 높이 올려서 손으로 잡은 뒤, 숫자 밭을 규칙대로 밟고 지나서 〈나〉 밭과 〈가〉 밭을 돌아 집으로 나오면 이렇게 해서 한 차례가 끝납니다. 다음은 말을 〈나〉 밭에 던지고 앞에서와 같이 〈마〉 밭까지 가며 계속해서 네 밭 말차기와 같은 방법으로 두 번째 놀이부터 마지막 부분인 집 빼앗기까지 하게 됩니다. 북한 어린이들은 이 놀이를 '가새발망차기'라고 합니다.

우물망차기

인원수: 2~5명

우물망차기(북한에서는 말차기를 망차기라고 부른다)는 집에서 1밭에 말을 던져 넣고 네밭 망차기와 같은 방법으로 8밭까지 가는데 8밭에서는 쉴 수 있습니다. 이렇게 한 번 끝나면 다음에는 집(나드는 곳)에서 뒤로 돌아서서 소, 말, 개, 오리, 닭 밭에 망(말)을 머리너머로 던져 넣습니다. 망이 말밭에 들어가면 1반에서부터 8밭까지 가서 잠시 쉰 다음 우물을 뛰어넘어서 말밭까지 가서 눈을 감고 망을 8밭에 차서 넘기고 눈을 떠서 이를 확인한 다음 다시 눈을 감고 우물밭을 뛰어넘습니다. 그리고 이어서 오던 길로 망을 차면서 나드는 곳(집)으로 돌아갑니다. 8밭에서는 두 발을 땅에 대고 쉴 수가 있습니다. 손으로 던지고 발로 찬 망이 선에 닿거나 밭 밖으로 나가게 되면 죽게 되어 다음 어린이가

8 쉬는 밭	7
우물	6
소	5
말	4
개	3
오리	2
닭	1
나드는 곳 (집)	

하게 됩니다.

이렇게 말밭을 한 번 거치면 다음은 2밭에 망을 넣고 처음 할 때와 마찬가지 방법으로 합니다. 2밭을 마치면 나드는 곳에서 뒤로 돌아서서 머리너머로 망을 던져서 소, 개, 오리, 닭밭 중에서 한 밭에 들어가도록 합니다. 오리밭에 들어갔을 때는 닭밭 → 1밭 → 나드는 곳으로 나올 수 있습니다. 망이 소밭에 들어가면 앙감질로 소밭까지 간 다음에 망을 주워서 나드는 곳으로 걸어서 나올 수 있을 뿐만 아니라 한 밭을 뛰어넘을 수 있는 특권이 부여됩니다. 망이 우물에 들어가면(빠지면) 지금까지 한 것은 모두 무효가 되어서 처음부터 다시 해야 합니다. 이렇게 하여 소, 말, 개, 오리, 닭을 모두 먼저 거친 어린이가 이깁니다.

끝수내기 말차기

인원수: 2~5명

이 놀이는 시작하기 전에 '10만 점'이나 '100만 점'등으로 따내야 할 끝 수를 먼저 정합니다. 집에서 말을 1밭에 던지고 앙감질로 뛰어 말을 차면서 8밭까지 가서 말을 그 자리에 두고 혼자 9밭으로 돌아갑니다. 여기서 잠깐 쉬었다가 돌아서서 말을 집습니다. 그리고 돌아선 채로 말을 머리 위로 던져서 말이 숫자 밭에 들어가도록 하며, 말이 숫자 밭에 들어가지 않고 선에 닿으면 무효가 됩니다. 300밭에 들어가면 300점을, 1000밭에 들어가면 1000점을 얻습니다. 그런데 이때 말이 우물로 들어가면 그때까지 얻은 점수가 무효가 됩니다. 가령 말이 700밭으로 들어갔다고 하면 앙감질로 오던 길을 되

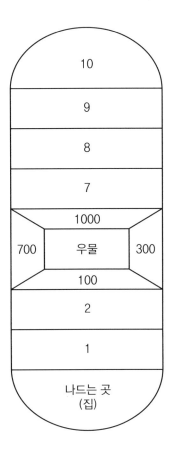

짚어서 2밭까지 왔다가 10밭으로 들어갑니다. 여기서 쉬었다가 자기가 던진 말을 손으로 집어 들고 다시 앙감질을 해서 집으로 나가는 것입니다. 말을 한번에 집어 들지 못하고 끌어당기거나 떨어뜨려서는 안 되며 또 발을 움직여도 무효가 됩니다. 이렇게 하여 처음 차례가 끝나면 계속해서 2밭, 3밭으로 말을 던져서 8밭까지 마치게 합니다. 이후에는 네 밭 말차기처럼 여러 가지 방법으로 계속합니다.

말 줍기

인원수: 2~5명

집에 서서 말을 1밭에 던지고 앙감질로 뛰
면서 1밭과 2밭을 지나 3밭과 4밭에서 쉬었
다가 다시 앙감질로 5밭과 6밭을 지나갑니
다. 그리고 7밭과 8밭으로 들어갈 때에는
획 돌아서면서 두 발을 같이 내렸다가 다시
앙감질로 뜁니다. 이렇게 갈 때와 같은 방
법으로 되돌아와 2밭에서 앙감질을 한 채로
서서 말을 집어 들고 집으로 나옵니다. 다
음은 말을 2밭으로 던지고 먼저와 같은 방
법으로 계속해서 8밭까지 가며 3밭에서 던
진 말은 4밭에서 줍고, 4밭에서 던진 말은 3
밭에서 줍습니다. 7밭과 8밭에서도 이러한
방법으로 말을 집습니다. 마지막으로 말을
9밭에 던져놓고 일단 9밭에 들어갔다가 밖으

```
        ┌─────────────┐
        │      9      │
        ├──────┬──────┤
        │  7   │  8   │
        ├──────┴──────┤
        │      6      │
        ├─────────────┤
        │      5      │
        ├──────┬──────┤
        │  3   │  4   │
        ├──────┴──────┤
        │      2      │
        ├─────────────┤
        │      1      │
        └─────────────┘
          나드는 곳
            (집)
```

로 나옵니다. 밭 주위를 앙감질로 한 바퀴 돌아서 9밭에 있는 말을 집은 다음 다시 9밭으로 들어가서 집으로 나옵니다. 이러한 과정을 마치면 이 놀이의 한 판이 끝납니다.

각도기 사방치기

인원수: 2~5명

사방치기는 주로 여자아이들이 전국적으로 즐기던 놀이입니다. 그중에서 각도기 사방치기는 두 사람 또는 두 모둠으로 나누어서 할 수 있습니다. 가위바위보로 공수를 정하여 이긴 사람(모둠)이 '집' 칸 밖에서 일렬로 선 다음 한 사람씩 차례대로 납작한 돌을 '집' 칸에 던져 넣습니다. 다음에는 첫 번째 사람부터 앙감질로 돌을 차서 한 칸 한 칸 넘어갑니다. 마지막 칸까지 무사히 도착하였으면 '달'이나 '해' 칸 어느 한쪽으로 돌을 차서 넣어야 합니다. 돌

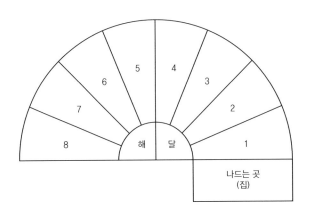

이 달 칸으로 들어가면 오던 길로 되돌아와서 1번 칸에서 해 칸을 거쳐서 달 칸으로 건너갑니다. 일단 달 칸에 도착하면 앙감질한 채로 돌을 차서 집으로 들여보내면 첫 번째 관문은 통과한 것입니다. 그런데 마지막 칸에서 찬 돌이 해 칸으로 들어갔으면 달을 거쳐서 해 칸으로 넘어와서는 두 발을 모두 땅에 댈 수 있습니다. 해 칸에 들어와서는 손으로 돌을 집으세요. 발등에 돌을 얹어 놓고 발을 치켜들어서 공중에 뜬 돌을 손으로 다시 잡습니다. 그런 다음, 앙감질로 반대 순서대로 집까지 되돌아오면 비로소 첫 번째 관문을 통과한 것이 됩니다. 이런 방법으로 다시 돌을 1번 칸에 던져놓고 같은 방법으로 계속하여 마지막 칸까지 먼저 마친 사람이 이깁니다. 4, 6, 8명이 두 모둠으로 나누어서 할 수 있으며, 진행 중에 돌이 선에 닿거나 선을 발로 밟으면 죽습니다.

돌아잡기

인원수: 10~20명

먼저 달팽이 모양의 선을 땅바닥에 크게 그려놓습니다. 두 모둠으로 나누어서 각각 자신의 진지에 들어갑니다. 시작되면 양 모둠에서 한 사람씩 상대 모둠의 진지를 향하여 힘차게 뛰어갑니다. 그러다가 만나는 지점에서 두 사람은 마주보고 가위바위보를 하고, 이긴 사람은 바로 "이겼다"라고 외친 다

음 계속해서 상대방의 진지를 향해 뛰어갑니다. 진 사람은 곧바로 놀이터 밖으로 나가도록 하며, 진 모둠에서는 상대방의 "이겼다" 소리가 들리자마자 한 어린이가 진지에서 뛰어나가서 돌격해오는 적과 마주쳐야 합니다. 이렇게 하여 마주친 장소에서 또 가위바위보를 하며, 결국에는 상대 모둠의 진지를 먼저 밟은 모둠이 이기게 됩니다. 진지를 밟기도 전에 상대 모둠의 어린이들을 모두 이기는 경우도 마찬가지입니다. 선을 밟은 어린이는 즉시 놀이터 밖으로 나가도록 합시다.

4-079

자치기

준비물: 어미자(길이 60cm 정도), 새끼자(길이 10~15cm 정도)   **인원수:** 4~10명

경상도에서는 '토끼방구', 전라도에서는 '땟공치기', 평안도에서는 '오둑떼기', 함경도에서는 '메뚜기치기'라고 부르는 자치기는 두 개의 막대기(길이 50cm, 10~15cm 정도)를 가지고 하는 놀이입니다. 땅바닥에 지름 70cm 정도의 원(집)을 그리고 그 안에서 한 손으로 던져서 어미자(긴 막대기)로 새끼자(짧은 막대기)를 쳐서 날려 보내는데 이 새끼자를 공중에서 잡으면 공격과 수비가 바뀝니다. 잡

지 못하면 수비자는 새끼자가 떨어진 곳에서 새끼자를 주은 후 공격자의 원 안에 던져 넣으면 한 번 치기를 하고 새끼자로 어미자를 맞히면 공격과 수비가 바뀌게 됩니다. 그리고 수비자가 던진 새끼자가 원 안에 들어가지 못하면 세 번 치기를 합니다. 이때에도 수비자는 새끼자를 잡을 수 있습니다. 승부는 새끼자가 날아간 거리를 어미자로 재서 100자, 200자, 또는 300자 내기를 정하여 자수를 먼저 채운 사람이 이깁니다. 이 놀이는 원을 그리지 않고 땅바닥에 깊이 20cm, 길이 15cm 정도의 구멍을 파고 이 구멍에 새끼자를 걸쳐 놓고서 어미자 끝으로 내던지는 방법도 있지요. 이 방법은 수비 편이 공중에서 새끼자를 잡으면 공격과 수비가 바뀌게 됩니다. 못 잡으면 새끼자가 떨어진 곳에서 새끼자를 던져 구멍에 가로놓인 어미자를 맞히면 공격과 수비가 바뀝니다. 못 맞히면 원을 그리고 할 때와 마찬가지로 세 번 치기를 합니다. 또 어미자로 새끼자를 튕겨 오르게 하여 새끼자가 땅에 떨어지기 전에 어미자로 두 번 치기, 세 번 치기를 할 수 있는데 두 번 치기를 했을 경우 공격자가 말한 목측거리를 어미자가 아닌 새끼자로 재고, 세 번 치기는 새끼자의 반으로 재어야 합니다.

토막메뚜기치기

준비물: 어미자(길이 60cm 정도), 새끼자(길이 10~15cm 정도)　　**인원수:** 4~10명

범 편 어린이들은 놀이터에 흩어져 서 있습니다. 포수는 함정 위에 메뚜기를 얹어놓은 다음, 자의 한쪽 끝을 함정에 넣고 메뚜기의 허리를 쳐서 날려보내면, 범 편 어린이들은 날아오는 메뚜기를 공중에서 잡아야 합니다. 잡지 못하면 메뚜기가 떨어진 자리에서 진지까지의 거리를 자로 재서 몇 동인지 알아보고 그 동만큼의 점수를 얻게 될 뿐만 아니라 다시 할 수 있습니다. 범 편 어린이가 메뚜기를 잡으면 포수는 범 편이 되고, 범은 메뚜기를 잡은 자리에서 메뚜기를 던져서 진지 안으로 집어넣게 되면 던진 거리만큼의 점수를 얻습니다. 이 놀이는 엇바꾸어 가면서 계속합니다.

외면메뚜기(량면메뚜기) 치기

인원수: 4~10명

포수는 선 자세에서 손에 들고 있는 메뚜기를 진지 안에 떨어뜨려 넣습니다. 메뚜기가 진지 안에 떨어지면 공격할 수 있으나 금에 닿거나 밖으로 나가면 상대편으로 공격권이 넘어갑니다. 포수는 진지 안에 들어 있는 메뚜기 끝을 채(자)로 쳐 튀어 오른 메뚜기를 채로 다시 쳐서 날려 보냅니다. 이때 상대편은 날아가는 메뚜기를 받아야 하는데 받으면 공수가 바뀌게 되고, 받지 못하면 동 수만큼의 점수를 얻게 되고 한 번 더 칠 수 있게 됩니다. 메뚜기를 받은

범 편 어린이가 메뚜기를 다시 진지 안으로 던져서 집어넣으면 그만큼의 점수를 얻게 됩니다. 진지 선 안에 조금이라도 닿으면 점수가 됩니다.

한손치기

인원수: 4~10명

이 자치기는 포수가 한 손에 채와 메뚜기를 함께 쥐고 있다가 메뚜기를 공중에 던지고 떨어지는 자를 들고 있는 채로 때려서 날려 보내는 놀이입니다. 이 놀이도 토막메뚜기치기와 규칙이 같습니다.

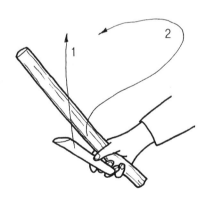

량손치기

인원수: 4~10명

'량손치기'는 양손에 각각 메뚜기와 채를 쥐는 것 외에는 한손치기와 같습니다.

함정치기

인원수: 4~10명

함정치기는 포수가 선 자세에서 메뚜기를 함정 안에 떨어뜨리는데 메뚜기 한쪽 끝이 함정 밖으로 나오도록 해야 합니다. 메뚜기가 함정에 들어가지 못하면 범 편으로 공격권을 넘겨주어야 합니다. 이렇게 하여 포수는 채로 메뚜기를 쳐서 떠오르는 메뚜기를 채로 다시 쳐서 날려 보냅니다. 이후의 놀이 방법은 같습니다. 포수가 친 메뚜기가 땅에 떨어지면 범 편 어린이들은 포수

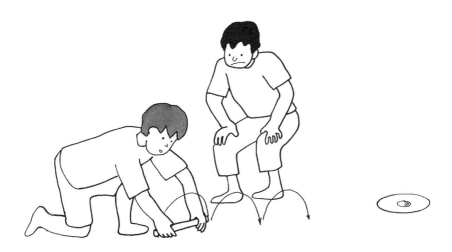

에게 "몇 동이니?" 하고 물어볼 수 있습니다. 그러면 포수는 눈짐작으로 "마흔 동"이라고 말합니다. 범 편은 그럴 것 같으면 "좋아" 하고 승인합니다. 그러면 포수는 그 점수를 얻게 되지만, 그보다 짧다고 생각하면 범 편은 거리를 재보자고 요구할 수 있습니다. 실제로 거리를 재어서 40자가 넘으면 포수는 그 점수를 얻게 되지만, 그보다 짧으면 점수를 잃고 범 편에게 공격권을 넘겨주어야 합니다.

십자돌기①

인원수: 20~40명

맨땅에 그림과 같이 정사각형 다섯 개를 십자가형으로 그리는데, 인원수에 따라 크기를 정합니다. 공격과 수비 모둠으로 나누고 공격 모둠은 전원이 1번 사각형에 들어가 시계 반대 방향으로 돌아서 제자리에 돌아오는 놀이입니다. 이때 수비 모둠 사람들은 음영 부분을 넘어다니면서 낚아챌 수 있습니다. 선 밖으로 나간 사람은 탈락하게 되며 선을 밟으면 반칙입니다. 공격과 수비를 바꾸어서 진행하고 출발점까지 무사히 돌아온 사람수로 승부를 가립니다.

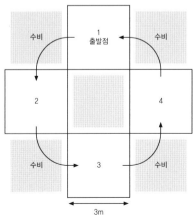

십자돌기②

인원수: 20~40명

방법은 십자돌기①과 똑같으나 훨씬 적은 수의 어린이들이 즐길 수 있는 놀이입니다. 5명 중 한 사람이 술래가 되어서 가운데 사각형에 들어갑니다. 술래는 "하나, 둘, 셋" 하고 계속 외치고 술래가 "셋" 할 때 바깥 사각형을 하나씩 차지하고 있던 4명은 일제히 다른 칸으로 뛰어가야 합니다. 이동 방향은 시계 반대 방향입니다. 이때 술래는 사각형에 있는 사람들 중에서 한 사람을 사각형 밖으로 끌어내려고 애씁니다. 붙잡힌 사람은 다시 술래가 되어 계속합니다. "하나, 둘, 셋" 대신에 삼박자 노래에 맞추어서 일제히 다른 칸으로 뛰어넘으면 더욱 재미있답니다.

십자돌기③

인원수: 20~40명

땅바닥에 그림과 같이 그린 다음, 술래를 한 사람 정합니다. 사람들은 원 둘레의 길만 다닐 수 있고, 시계 반대 방향으로만 돌 수 있으며, 십자로는 들어갈 수 없고, 술래는 십자로만 다닐 수 있습니다. 도는 중에 술래는 원 주위의 사람들을 끌어당기거나 밀쳐서 선 밖으로 내보냅니다. 사람들은 술래를 피하여 다니다가 멈추거나 선을 밟으면 그 사람이 술래가 되어서 다시 계속합니다.

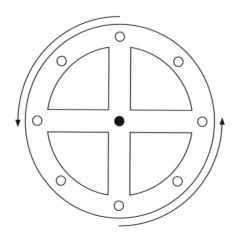

제기차기

인원수: 2명 이상

주로 남자아이들이 즐기는 대표적인 민속놀이입니다. 제기 만드는 법은 먼저 10cm 길이의 한지 10여 개를 오린 후 잘 갖추어서 한쪽 끝을 실로 칭칭 동여매서 종이 술을 만듭니다. 이 술을 공들여서 만들려면 예쁜 닭털 중 길이 10여 cm 내외의 것을 10여 개 추려 가지런히 모아 밑동을 실로 칭칭 감아 동여매면 됩니다. 동여맬 때 털이 빠져 나가거나 풀어지지 않도록 단단히 동여

매세요. 엽전을 이용한 방법도 있는데 가운데 구멍이 난 엽전을 길이 20cm 정도 되는 한지를 5~6회 둘둘 말고 연필과 같은 것으로 엽전의 구멍 난 부분을 한지와 함께 뚫습니다. 그 안으로 한지 양쪽 끝을 집어넣어 꿰고 한지를 잘게 썰면 훌륭한 제기를 만들 수 있습니다. 이렇게 만들어진 제기를 손으로 쥔 후 놓으면서 떨어지는 제기를 발 안쪽으로 차올려 땅에 떨어지지 않도록 계속 발로 차올립니다. 이렇게 아이들끼리 돌아가면서 하다가 가장 많이 차올린 사람이 이깁니다.

맨제기

준비물: 제기   **인원수:** 2명 이상

한 발을 땅에 고정시키고 다른 발 안쪽 옆면으로 제기를 차올립니다.

개칙구

차는 방법은 '맨제기'와 같으나 발을 땅에 대어서는 안 되며, 기둥이나 벽을 잡고 차는 방법과 그냥 차는 방법(일명 헐랭이) 2가지가 있습니다.

두발차기

두 발을 번갈아가며 차는 방법입니다. 두발차기에도 안쪽 옆면만 사용하는 방법과, 한쪽 발을 바깥쪽과 번갈아가며 차는 방법 2가지가 있지요.

모여차기

- **둘이 모여차기:** 두 어린이가 마주서서 번갈아가며 차는 놀이입니다. 둘이 모여차기는 직경 1m 정도의 동그라미를 두 개 그려놓고 하나씩 차지하고 들어가서 제기를 차다가 제기를 땅에 떨어뜨리거나 선 밖으로 내보내는 사람은 1점을 잃습니다. 점수를 정하여 놓고 누가 먼저 얻는지 겨루어 봅시다.

- **셋이 모여차기:** 셋이 모여차기도 둘이 모여차기와 같이 그려 놓은 원 안에 들어가 돌아가면서 차는 방법입니다.

- **넷이 모여차기:** 이 놀이는 한 어린이가 중심이 되어서 다른 세 어린이들과 번갈아 제기를 차는데, 중심에 선 어린이가 실수를 하면 다른 어린이와 자리를 바꾸어서 해봅니다. 하지만 둘러선 세 사람 중에서 실수하는 어린이는 놀이터 밖에 나가 있어야 합니다. 이렇게 하여 마지막 한 명이 남을 때까지 하면 한 판이 끝나는데 결국 중심원에 남아 있는 어린이가 이기게 됩니다.

- **다섯이 모여차기**: 다섯 어린이가 가위바위보를 하여 순서를 정하고 원 안에 들어갑니다. ①번 어린이가 제기를 ②번에게 차서 보내면 ②번은 제기를 받아서 한두 번 찬 다음 ③번에게 보냅니다. ③번은 같은 방법으로 제기를 ①번에게 보내면 ①번은 ④번, ④번은 ⑤번에게, ⑤번은 다시 ①번에게 제기를 차 보냅니다. 이 놀이는 제기를 땅에 떨어뜨리거나 원 밖으로 차 보내는 실수를 10번 하는 어린이가 나오면 한 판이 끝납니다. 순서는 실수한 횟수에 따라 정합니다.

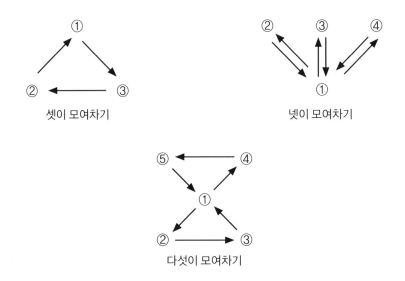

셋이 모여차기   넷이 모여차기

다섯이 모여차기

공기놀이①

준비물: 공기돌 **인원수:** 2~5명

한 줌에 다 잡을 수 있는 크기의 조약돌 다섯 개를 고릅니다. 다섯 개를 적당히 흩어놓고 하나를 집어서 위로 던져 떨어지는 동안 다른 하나의 돌을 잡으며 떨어지는 돌을 공중에서 잡습니다. 이렇게 다섯 개를 다 잡으면, 이번에는 같은 방법으로 두 개씩, 세 개씩, 다음에는 네 개를 모두 잡습니다. 이때 다른 돌을 약간이라도 건드리면 죽게 됩니다. 마지막으로 다섯 개를 다 위로 던져서 손등에 얹은 다음 다시 올려서 손바닥으로 잡아채면 공깃돌 수만큼 점수가 됩니다. 공격자가 죽게 되면 상대편으로 기회가 넘어가며 이렇게 하여 30점 또는 50점, 100점을 정하여 먼저 점수 내기를 합니다.

공기놀이②

여러 개의 돌을 가지고 하는 공기놀이입니다. 돌 한 개를 집어서 위로 던진 다음, 바닥에 있는 돌들을 잡고 떨어지는 돌을 잡으면 잡은 돌 수만큼 점수 가 됩니다. 하나라도 떨어뜨리면 다음 사람이 하고 이렇게 계속하여 돌을 많 이 모은 사람이 이깁니다.

구슬치기①

준비물: 구슬   **인원수:** 2명 이상

어린 시절 추운 겨울날 햇볕이 드는 골목이나 빈터를 찾아가서 입김으로 얼은 손을 호호 녹이면서 구슬치기를 했었습니다. 주머니에 가득 들어 있는 구슬을 만지며 흐뭇해하던 그때 일이 생생하게 기억납니다. 여기에 구슬치기 놀이 몇 가지를 소개합니다.

땅바닥에 선을 긋고 그 자리에 서서 구슬을 던집니다. 두 어린이가 가위바위보로 순서를 정하여 첫 번째 어린이가 적당한 거리에 구슬을 던집니다. 다음 어린이는 구슬을 던지거나 굴려서 상대방 구슬을 맞히도록 하는데 번갈아가며 하다가 먼저 맞힌 사람이 구슬을 따게 됩니다.

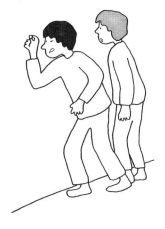

구슬치기②

인원수: 2명 이상

구슬치기①과 같이 상대방 구슬을 맞추는 놀이랍니다. 상대방 구슬을 맞추지 못하더라도 구슬 간의 거리가 한 뼘 이내에 들어오도록 던져놓으면 다시 맞출 수 있는 기회를 갖게 됩니다. 이때는 검지 위에 구슬을 올려놓고 엄지로 튕겨서 맞히도록 합니다. 자기 구슬이 상대방 구슬의 한 뼘 이내에 들지 못하게 던지면 쉽게 잡혀 먹히므로 조심해야 합니다.

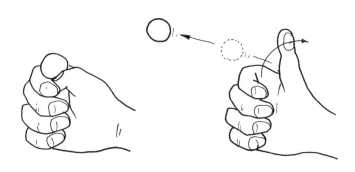

구슬치기③

인원수: 3~5명 이상

3~5명이 함께할 수 있는 구슬치기입니다. 2.5m 정도의 간격을 두고 평행선을 그은 다음 선 하나 위에 각각 구슬을 한 개 또는 두 개씩 정렬해 놓습니다. 순서를 정하여 반대편 선에서 구슬을 던지거나 굴려서 맞히도록 합니다. 맞은 구슬은 맞힌 사람이 가지게 되고 한 번 더 할 수 있습니다. 맞히지 못한 구슬은 자기 차례가 돌아오기 전에는 집어올 수 없으며, 이 구슬도 다른 구슬에 맞으면 빼앗기게 됩니다. 구슬을 놓아둔 선에서 1m 정도 떨어진 곳에 담이 있으면 구슬이 멀리 굴러가지 않아서 좋습니다.

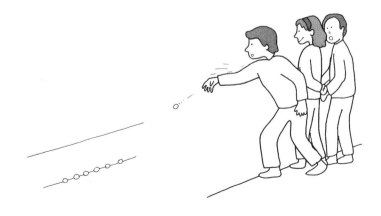

구슬치기④

인원수: 3~5명 이상

선에서 적당히 떨어진 곳에 점을 찍어둡니다. 어린이 중에서 한 사람씩 교대로 점에 구슬을 하나 올려놓습니다. 그런 다음, 나머지 어린이들은 자유롭게 구슬을 던져서 점 위에 놓인 구슬을 맞히도록 합니다. 이들 중에 한 사람만 맞히면 모든 구슬을 차지하게 됩니다. 또 둘이 맞추면 반씩 나누어 가지게 되며, 한 사람도 맞추지 못한 경우에는 점 위에 있는 구슬 주인이 차지합니다. 이 놀이는 3~5명의 어린이들이 함께 즐기는 것이 가장 적당합니다.

구슬치기⑤

3~5명이 함께할 수 있는 구슬치기로서 '삼각형'이라고도 합니다. 한 변이 20cm 정도 되는 삼각형을 그리고 그 안에 한 사람당 2~3개씩 구슬을 모아 놓은 다음 3~4m 떨어진 곳에 선을 긋습니다. 가위바위보로 순서를 정하여 한 사람씩 구슬을 던져서 삼각형 안에 구슬을 맞혀 따먹습니다. 이때는 단순히 맞히는 것이 아니라 자기 구슬로 삼각형 안의 구슬을 삼각형 밖으로 내보내야 합니다. 이때 삼각형 안의 구슬이 삼각형 밖으로 나가더라도 자기 구슬이 삼각형 안에 들어가 버리면 오히려 죽게 됩니다. 구슬을 딴 어린이는 한 번 더 할 수 있습니다. 북한 어린이들은 이 놀이를 '알무지 허물기 놀이'라고 합니다. 삼각형 대신 원을 그리고 원 안에 알(구슬)을 여러 개 모아서 놓아둡니다. 어린이들은 5m 정도 떨어진 곳에 그은 선에 발끝을 대고 알을 던져서 원 안의 알무지를 맞힙니다. 맞아서 원 밖으로 나간 알은 차지하게 되지만, 맞힌 알이 원 밖으로 나가도 자기 알이 원 안에 들어가 있거나 원의 선에 닿으면 가져갈 수 없습니다. 이렇게 어린이들이 돌아가면서 하다가 원 안에 알이 모두 없어지면 놀이는 끝이 납니다.

구슬치기⑥

땅바닥에 직경 4m 정도의 큰 원을 그리고 원 중앙에 한 뼘 정도의 작은 원을
그립니다. 3~5명의 어린이들이 구슬을 2개씩 원 안에 모아 놓고 큰 원 밖에
섭니다. 그런 다음 정해진 순서대로 구슬을 던져 작은 원 안에 있는 구슬들
을 맞혀서 원 밖으로 튕겨나가도록 합니다. 자기 구슬이 다른 사람의 구슬에
맞으면 맞힌 사람에게 구슬 한 개를 줍니다.

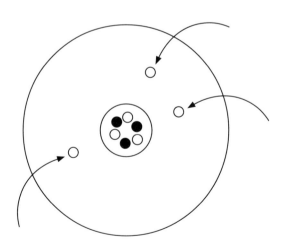

구슬치기⑦

그림과 같이 직경 25cm 정도의 원 안에 작은 원을 4개 그립니다. 원에서 3m 떨어진 곳에 선을 긋고 순서대로 던지는데, 원 중앙에 가까이 던진 사람이 나머지 구슬을 모두 가지게 됩니다. 그러나 원 중앙에 가장 접근해 있는 구슬을 다른 사람이 맞히면 그 사람이 구슬을 가져가게 됩니다.

※ 주의사항 : 구슬치기는 자칫하면 사행심을 조장할 수도 있으므로 지도자는 어린이들이 내기가 아닌 놀이 자체를 즐길 수 있도록 도와주세요.

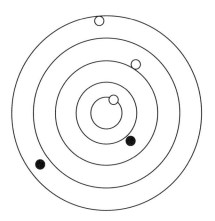

네줄고누

인원수: 2명

특별한 도구 없이 두 사람이 땅에 고누 말밭을 그려서 즐기는 민속놀이입니다. 조선시대의 화가 김홍도의 그림에 고누 장면이 있는 것을 보면 꽤 오래된 민속놀이랍니다. 고누는 우물, 네줄고누, 다섯줄고누, 여섯줄고누, 아홉줄고누, 곤질고누, 패랭이고누, 호박고누, 자동차고누 등 이외에도 여러 가지가 있지요. 북한 어린이들은 이 놀이를 '꼬니'라고 합니다.

　그림과 같이 말을 배치하여 진행시키되 일직선상에서 상대편 두 개의 말과 만나 손을 못 쓰면 죽게 됩니다. 그래서 먼저 전멸하는 쪽이 지게 됩니다.

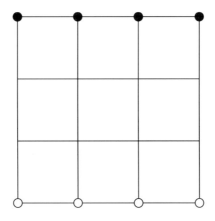

우물고누

인원수: 2명

생고누, 강고누 등의 별명이 있고 고누 중에서 가장 단순하면서도 많이 즐기는 고누 놀이입니다. 그림과 같이 우물이라는 장애물을 정하고, ㄴ, ㄹ 선상만은 왕래를 못하게 하고 어느 쪽이든 궁지에 몰리면 지게 됩니다. 즉 맨 처음 한 번만은 밖의 ㄴ이나 ㄹ은 ㅁ지점에 나서지 못하게 되어 있습니다. 그럴 경우 다른 한쪽은 궁지에 몰려서 움직이지 못하기 때문에 처음 순서에는 밖의 ㄱ이나 ㄷ을 ㅁ지점에서 보내며, 그 후 한쪽이 자기 말들을 ㄱ, ㅁ지점, 혹은 ㄷ, ㅁ지점에 놓아서 상대방을 움직이지 못하게 하면 이깁니다.

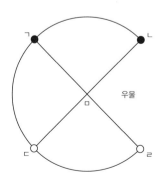

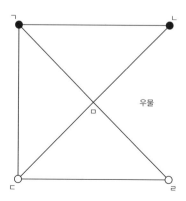

4-104

곤질고누

인원수: 2명

아래와 같은 그림을 그려놓고 가위바위보로 이긴 사람을 정하여 교대로 말을 하나씩 교차점에 놓습니다. 일직선상에 세 개를 가지런히 놓은 것을 '곤'이라 하며, 아무것이나 상대편의 말 하나를 떼어 내고 그 자리를 표시하여 말을 놓지 못하게 합니다. 그러다가 말을 놓을 자리가 없어지게 되면 그다음부터는 놓은 말을 움직여서 곤을 만들고 그때마다 "곤이야!" 소리치고 상대편의 말을 뗍니다. 뗄 때에는 상대편이 곤을 만들 가능성이 있는 것을 골라서 떼며, 어느 쪽이건 말이 '곤'을 만들 수 있는 숫자인 3개 이하가 되면 지게 됩니다.

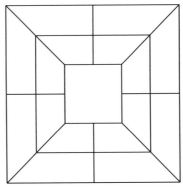

호박고누

인원수: 2명

호박고누는 전라도 지방에서 즐기고 있으며 일명 '돼지고누'라고도 합니다. 그림과 같이 각기 말 네 개를 놓고 둡니다. 번갈아가며 말을 한 칸씩 옮기다 가 길이 막힌 한 편이 더 이상 말을 둘 수 없게 되면 지게 됩 니다.

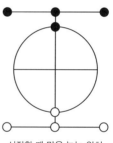

시작할 때 말을 놓는 위치

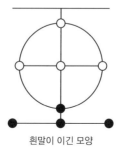

흰말이 이긴 모양

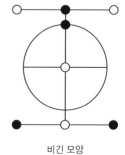

비긴 모양

179

자동차고누

인원수: 2명

자동차고누는 자전거고누 또는 네바퀴고누라고도 합니다. 말은 각각 네 개씩이며 동그라미 길을 돌아서 처음 만나는 말을 잡습니다. 말을 잡을 때에는 반드시 동그라미 길을 돌아야 하며, 동그라미를 돌 때에는 가로막고 있는 말이 없어야 합니다. 그림에서 번호가 붙은 말들은 몇 발이고 움직일 수 있으나 그 밖의 말들은 한 발씩만 옮겨갑니다. 고누 놀이를 하면서 어린이들이 조금이라도 딴 생각을 하지 않고 집중하며 머리를 쓰는 동안 지능 개발이 절로 되는 놀이입니다.

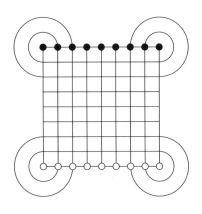

봉숭아 물들이기

준비물: 봉숭아꽃과 잎, 실, 백반, 사기그릇

여자아이들뿐만 아니라 누구나 한 번쯤은 봉숭아를 손톱에 물들여 본 적이 있을 것입니다. 봉숭아꽃과 꽃잎을 따서 그릇에 넣고 백반과 소금을 약간 섞은 다음 둥근 조약돌로 곱게 빻으세요. 빻아서 만든 봉숭아 반죽을 알맞게 떼어서 손톱 위에 얹은 다음 봉숭아 잎(비닐이나 헝겊 등)으로 감싸고 실로 묶습니다. 이렇게 하고 하룻밤을 자고 나면 빠알간 봉숭아물이 손톱에 그대로 담기게 됩니다. 잠을 험하게 자는 어린이는 자칫하면 손톱에 묶어놓은 봉숭아 반죽이 뒤틀려서 애꿎은 손가락이 빨갛게 물들어버리는 난처한 일이 간혹 벌어지기도 합니다.

버들피리 만들기

준비물: 물 오른 버들가지, 칼

이른 봄 파릇하게 물이 바싹 오른 가느다란 버들가지를 골라서 길이가 5~7cm 정도 되게 자릅니다. 물오른 버들가지를 손가락 끝으로 비비고 조심스럽게 틀어서 속을 빼내세요. 가느다란 대롱처럼 된 나무껍질 한쪽 끝을 손가락으로 눌러서 납작하게 만든 다음 입에 대고 불어보면 조그만 버들피리 가지에서 어쩌면 그렇게 우렁찬 피리소리가 나는지 신기할 것입니다.

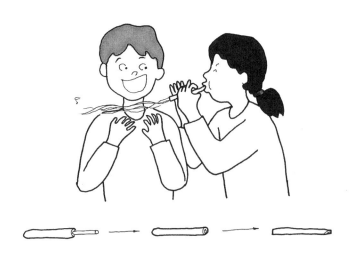

풀 찾기

준비물: 막대기(직경 1~2cm)   **인원수:** 2~6명

'풀 묻기' 또는 '보물찾기'라고도 불리는 풀 찾기는 어린이들이 평평한 땅바닥이나 모래사장에서 합니다. 두 어린이는 서로 잘 볼 수 없는 지점을 하나씩 정하고 자기 땅으로 흩어집니다. 각자 자기 땅에 미리 약속한 크기로 원을 그리고 그 안에 막대기로 땅을 얕게 파서 거기에 풀을 묻은 다음 다시 흙으로 덮어 놓습니다. 풀을 묻어둔 곳이 눈에 띄어서는 안 되므로 풀잎을 모아서 만든 빗자루로 원 안을 깨끗이 쓸어놓는 것이 좋습니다. 이제 한 어린이가 먼저 친구의 원 안에 들어가서 손이나 막대기로 땅을 긁어 파묻어 놓은 풀을 찾습니다. 이렇게 교대로 풀 찾기를 하다가 두 어린이가 모두 찾으면 무승부가 되고 한 어린이가 먼저 찾으면 그 어린이가 이기게 됩니다. 상대방의 풀을 누가 먼저 찾는지 알아볼 수도 있습니다.

 풀 찾기는 강이나 바다 모래밭에서 하면 훨씬 더 재미있습니다. 두 사람이 서로 보이지 않는 장소에서 동시에 풀 양 끝을 묶어 고리모양으로 만든 후 모래밭에 묻고 덮으세요. 그리고 나서 교대로 찾아봅시다.

글자 찾기

준비물: 막대기(직경 1~2cm)　　**인원수:** 2~6명

글자 찾기는 풀 찾기와 비슷한 놀이입니다. 두 어린이는 흩어져서 다른 땅에 막대기로 글자를 새기고 나서 흙으로 덮고 주위를 깨끗이 빗질을 합니다. 글자를 몇 개 쓸 것인지는 미리 약속해 두세요. 이렇게 한 다음 두 사람은 각자 상대방 원 안에 들어가서 손가락으로 더듬어보고 입으로 바람을 불어내어 흙을 날려보내면서 누가 먼저 글자를 찾아내는지 겨루어 봅시다. 땅을 너무 얕게 파서 글자를 새긴 어린이는 나중에 핀잔을 듣기도 합니다. 이 놀이는 특히 초등학교 저학년 어린이들이 좋아한답니다.

스무고개

인원수: 10~20명

술래를 정하여 잠시 밖으로 내보낸 다음, 물건 이름을 한 가지 정합니다. 술래가 다시 들어와서 사람들에게 질문을 하여 물건 이름을 알아맞혀야 하는데 질문은 스무 번으로 한정되어 있습니다. 그 안에 맞히지 못하면 다시 술래가 되고, 맞히면 술래를 바꾸어서 계속합니다.

사람 그리기

준비물: 필기도구 **인원수:** 2~5명

가위바위보를 하여서 이기는 어린이부터 사람의 얼굴 부분을 하나씩 그려서 얼굴을 완성해 나갑니다. 얼굴이 완성되면 이제는 하나씩 지워 나가는데, 누가 제일 먼저 얼굴을 지우는지를 가리면서 즐기는 놀이랍니다.

매와 꿩 놀이

인원수: 20명 내외

두 모둠으로 나누어 매와 꿩이 되어서 놀이터에 흩어집니다. 시작이 되면 매는 꿩을 쫓아가서 잡고, 반대로 꿩은 잡히지 않으려고 도망을 칩니다. 매에게 붙잡힌 꿩은 잡힌 그 자리에 꼼짝 없이 서 있는데 살아 있는 꿩이 잡힌 꿩을 치면 살아납니다. 이렇게 하여 꿩들이 모두 잡히면 역할을 바꾸어서 다시 합니다.

4-114

한밤중 놀이

인원수: 20~30명

술래가 여우가 되고 나머지 어린이들은 병아리가 됩니다. 병아리들이 무리를 지어서 여우 굴에 조심조심 접근하여 "여우야, 여우야, 지금 몇 시냐?" 하고 물어봅니다. 그러면 여우는 아무 시간이나 대답할 수 있는데, 여우가 "한밤중이다"라고 말하면서 갑자가 몸을 돌려 달려오면 병아리들은 도망쳐야 합니다. 이렇게 하여 잡힌 병아리들은 여우 새끼가 되어서 여우와 함께 병아리들을 잡게 됩니다. 이렇게 하여 병아리들이 모두 잡히면 술래를 바꾸어서 계속합니다.

대장 놀이

인원수: 5~8명

땅바닥에 줄을 긋고 3m 전방에 이중으로 원을 그립니다. 안쪽 작은 원에는 대장을, 바깥 원에는 놀이터 주변에 있는 지형지물들(예를 들어 소나무, 바위, 대문, 철봉, 향나무, 전봇대 등)을 적어 놓습니다. 어린이들은 선에 정렬하여 순서대로 납작한 돌을 원 안으로 던져 넣습니다. 던진 돌이 원 밖에 떨어지면 들어갈 때까지 계속 던집니다. 작은 원에 돌을 집어넣은 어린이가 대장이 됩니다. 이 밖에 돌들이 각기 다른 지점에 떨어져 있을 것입니다. 어린이들이 모두 돌 던지기를 마치면 긴장감이 고조됩니다. 대장이 갑자기 "뛰어라!" 하고 외치면 어린이들은 각자 자기 돌이 떨어진 지형지물로 달려가 손으로 치고 돌아와야 합니다. 예를 들면, 소나무 구역에 돌을 떨어뜨린 어린이는 근처 소나무로 달려가서 손으로 치고 돌아오는 것입니다. 이렇게 하여 가장 늦게 돌아온 어린이는 벌점을 받게 되고 벌점이 많이 쌓이게 되면 벌을 받게 됩니다. 벌이라고 하지만 자기 재능을 맘껏 발표할 수 있는 기회가 됩니다.

오재미 던져 넣기

인원수: 3~6명

땅바닥에 줄을 긋고 4~5m 전방에 직경 50cm 정도의 원을 그립니다. 어린이들은 선에 정렬하여 모래를 넣어 만든 오재미를 5개씩 던져서 원 안에 넣습니다. 이렇게 하여 누가 가장 많은 점수를 얻는지 겨루고 다시 해봅니다.

190

대문 닫기

준비물: 작은 돌멩이 6~8개   **인원수:** 10~15명

술래를 제외한 나머지 어린이들은 집 안으로 모두 들어가 있습니다. 집에는
문이 2~3개 있어서 집 안의 어린이들은 문을 마음대로 열고 드나들 수 있지
만, 집 밖에 있는 술래는 자기 마음대로 문을 열고 집 안으로 들어갈 수 없습
니다. 그러므로 술래는 집 문이 열렸을 때를 틈 타 집 안으로 들어가야 합니
다. 문은 두 개의 돌멩이가 붙어 있으면 닫혀 있고, 떨어져 있으면 열려 있

는 것입니다. 시작이 되면 어린이들은 계속 문을 여닫으면서 집을 들락날락 하게 되는데 이때 술래는 이들을 좇아가서 잡아야 합니다. 집 안의 어린이들 이 실수로 문을 열어놓으면 술래는 이 틈을 타서 집 안으로 들어갈 수 있습 니다. 그러면 어린이들은 술래를 피하여 집 밖으로 모두 빠져나가 다시 돌아 와야겠지요. 이렇게 하여 술래에게 잡힌 어린이가 새 술래가 되어서 다시 합 니다.

빵 다섯 발

인원수: 20~30명

두 모둠으로 나누고 각자 40~60m 정도 떨어져서 직경 3m 정도 되는 원을 그려서 진지를 만듭니다. 진지 안에는 공주가 서 있습니다. 시작이 되면 각 진영에 있는 어린이들은 상대방 진지로 조심조심 접근하다가 상대 모둠 어린이를 보면 적당한 거리에서 "빵" 하고 손으로 지적하며 외칠 수 있습니다. 먼저 "빵" 하고 외친 어린이가 서 있는 자리에서 다섯 발자국을 뛰고 나서 손을 내밀어 손끝으로 상대방을 치면 그 사람은 잡히게 되고, 반대로 손이 닿지 않으면 반대로 잡혀가는 신세가 되지요. 이렇게 잡힌 어린이는 상대방의 포로가 되어서 공주가 서 있는 진지 안에 들어가 있습니다. 시간이 지나면서 어린이들은 점점 줄게 되어 상대방 어린이들을 모두 붙잡거나 상대 진지의 공주를 붙잡은 모둠이 이기게 됩니다. 이 놀이는 대부분 영동 지방의 어린이들만이 즐겼다고 합니다. 몸을 부딪치지 않고 기지와 재치를 사용하는 놀이라는 점이 돋보입니다.

4-119

굴 빠지기

인원수: 40~60명

2~4 모둠으로 나누고 각 모둠은 두 사람씩 손을 잡고 마주보고 정렬합니다. 시작이 되면 열 맨 뒤쪽의 두 어린이는 손을 잡고 친구들이 잡고 있는 손 밑을 통과하여 열 맨 앞쪽으로 빠져나와 다시 두 어린이가 양손을 붙잡습니다. 그러면 다음번 두 어린이는 같은 방법으로 굴을 통과하는데, 이렇게 하여 어느 모둠이 가장 먼저 마치는지 겨루는 놀이입니다.

이사 가는 날

인원수: 10~20명

3~6명으로 이루어진 세 모둠을 만들어서 놀이터의 네 귀퉁이에 그려놓은 원 안에 들어갑니다. 한 원은 비워 놓는데 지도자는 세 모둠에게 각각 동, 서, 남으로 이름을 지어주고 비어 있는 원을 '북'으로 정합니다. 그런 다음 한 어린이가 술래가 되어서 운동장 중앙에 서 있도록 합니다. 지도자가 동, 서, 남

가운데 한 모둠을 부르면 그 모둠 어린이들은 재빨리 '북'으로 자리를 옮겨야 합니다. 이때 술래는 원래의 자리를 떠나 이동하는 어린이들을 잡아야 합니다. 술래는 잡은 어린이와 역할을 바꾸어서 잡힌 모둠에 들어가고 잡힌 어린이가 술래가 되어서 계속합니다. 지도자는 한꺼번에 두 모둠을 부를 수도 있는데 이때에는 먼저 부른 모둠이 비어 있는 원으로, 두 번째로 호명된 모둠은 지도자가 먼저 부른 모둠의 자리로 이동합니다.

애야, 밥 먹어

인원수: 20명 내외

술래는 원 안쪽을 돌아다니다가 두 어린이 사이에 서서 "애들아, 밥 먹자!"
하고 외치면 그 두 어린이는 원을 가로질러 뛰어서 반원을 돌아 제자리로 돌
아와야 합니다. 이때 술래는 그중 한 자리를 차지하고 늦게 도착한 어린이가
새 술래가 됩니다.

할머니와 손자들

인원수: 10명 내외

술래는 할머니가 되어서 벽에 얼굴을 대고 있습니다. 시작하면 어린이들은 할머니한테 살금살금 다가가는데 할머니가 갑자기 뒤돌아볼 때 정지하지 않고 움직이던 어린이는 잡혀 할머니 곁에서 벽을 마주보고 서 있어야 합니다. 이렇게 다가가다가 할머니의 어깨에 손을 대는 데 성공한 어린이가 다시 할머니가 됩니다.

토끼 꼬리

준비물: 인원수만큼의 천 조각(모둠별로 색깔이 달라야 합니다) **인원수:** 20~40명

두 모둠으로 나누고 각 모둠은 안전지대와 감옥을 가집니다. 그리고 중앙에는 중립지대가 있습니다. 모든 어린이들에게 천 조각(길이 20~30cm)을 나누어주고 허리 뒤춤에 끼워 넣도록 합니다. 소위 토끼 꼬리인데 혁대에 묶어서는 안 됩니다. 모둠별로 천 색깔을 달리하여 모둠을 구별할 수 있도록 하세요. 이제 어린이들은 모두 중립지대로 들어가서 상대 모둠의 꼬리를 사냥합시다. 꼬리를 빼앗긴 어린이는 곧바로 상대방 감옥에 갇히게 됩니다. 상대 모둠에 꼬리를 빼앗기지 않고 무사히 들어가면 붙잡힌 동료들을 구출해낼 수 있습니다. 구출자가 감옥에서 빠져나온 어린이와 함께 손을 잡고 자기 모둠 안전지대로 돌아오면 두 사람은 살아나게 됩니다. 상대 모둠 어린이들을 모두 체포하거나 일정 시간 내에 포로들을 더 많이 가진 모둠이 승리하게 됩니다. 이 놀이는 3~4 모둠으로 진행할 수 있으며, 이때는 사각형 놀이터의 4개 변을 한 변씩 차지하게 되고 모둠별로 안전지대와 감옥을 한 개씩 가집니다.

오재미 바구니

준비물: 오재미(인원수만큼)   **인원수:** 5~10명

어린이들은 가운데 원 중앙에 놓인 바구니(직경 40cm 정도)에 오재미를 던져 넣습니다. 성공한 어린이는 원 바깥으로 나가 더 먼 거리에서 오재미를 던져 넣습니다. 성공할 때까지 계속하며, 한 어린이가 바구니 옆에 서서 바구니 안에 들어 있거나 주위에 떨어진 오재미를 주워 어린이들에게 던져줍니다. 전원이 바구니에 오재미를 던져 넣으면 술래를 바꾸어서 계속합니다.

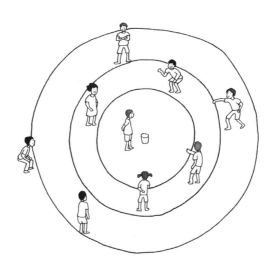

토끼와 농부

준비물: 크기가 다른 공 2개, 또는 색깔이 다른 같은 크기의 공 2개   **인원수:** 15~20명

전원이 둥글게 서고 한 어린이에게 크기가 다른 두 개의 고무공(큰 공은 농부, 작은 공은 토끼)을 넘겨줍니다. 시작이 되면 작은 공을 먼저 오른쪽에 있는 어린이에게 넘겨주고, 받은 어린이는 즉시 그다음 어린이에게 던집니다. 토끼(작은 공)가 원 반대편 어린이에게까지 가면 농부(큰 공)가 같은 방향으로 출발하여 토끼를 쫓아갑니다. 즉 농부와 토끼는 서로 쫓고 쫓기는 신세가 됩니다. 이렇게

하여 작은 공(토끼)을 가진 어린이에게 큰 공(농부)이 가면 토끼가 잡히는 것이 되고, 반대인 경우에는 농부가 토끼에게 잡히게 됩니다. 토끼가 이긴 경우는 벌점이 1점, 농부가 이기면 벌점이 2점이 되고, 그 벌점은 해당 어린이에게 주어집니다. 떨어뜨린 공을 줍기 전에 공이 오면 그 어린이도 벌점 2점을 받게 됩니다.

외계인

인원수: 20~30명

어린이들은 놀이터 한편에 일렬로 서 있고 술래(외계인)가 놀이터 중앙에 서 있습니다. 어린이들이 "어이, 외계인, 날 잡아 봐라" 하고 외칩니다. 이 소리를 들은 술래가 "빨강 옷 입은 사람" 하고 외치면 빨강 옷을 입은 어린이들은 술래를 피해 반대편 선으로 달려갑니다. 이렇게 하여 술래에게 잡힌 어린이가 다시 술래가 됩니다. 술래는 "흰 운동화를 신은 사람", "반바지를 입은 사람", "안경 쓴 사람" 하는 식으로 마음대로 부를 수 있습니다.

독 안에 든 쥐

준비물: 배구공 크기의 공   **인원수:** 15~20명

술래는 쥐가 되어서 원 안으로 들어가고 나머지 어린이들은 원 주위에 둘러 섭니다. 시작이 되면 공을 던져서 술래의 허리 아래 부분을 맞히도록 합니다. 쥐를 맞힌 어린이는 새 술래가 되어서 원 안으로 들어갑니다.

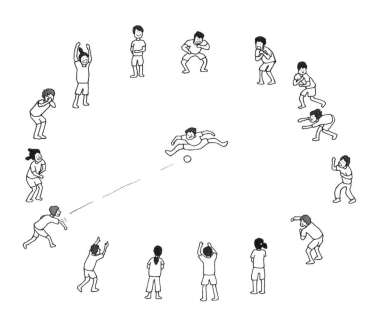

누구지

준비물: 눈가리개 **인원수:** 10~15명

술래를 제외한 모든 어린이들이 둥글게 서서 손을 잡습니다. 술래가 눈가리개를 하고 원 안으로 들어가면 어린이들은 노래를 부르면서 빙글빙글 돌다가 술래가 "동작 그만" 하고 외치면 그 자리에 섭니다. 눈을 감고 있는 술래는 그 자리에서 돌다가 손가락으로 한 방향을 가리킵니다. 손가락으로 지적당한 어린이는 술래에게 걸어가서 "나는 당신과 친한 친구지요. 내가 누구일까요?" 하고 말하는데 술래가 눈치채지 못하도록 가짜 목소리를 냅니다. 그러면 술래는 그 목소리를 듣고 "그럼요, 너는 내 친구 ○○지요" 하고 대답합니다. 술래가 바로 맞히면 술래가 바뀌고 맞히지 못하면 술래를 다시 하도록 합니다.

멧돼지 사냥

인원수: 제한 없음

어린이들은 지도자를 바라보며 의자 또는 방바닥에 앉습니다. 지도자는 멧돼지 사냥을 몸짓까지 하면서 재미있게 이야기하면 어린이들은 지도자의 몸짓을 따라 합니다. 지도자는 온갖 재미있는 동작을 곁들여서 멧돼지 사냥 이야기를 그럴싸하게 꾸며서 할 수 있습니다.

예를 한 가지 들어봅시다.

"며칠 전에 나는 뒷산에 올라갔어(산을 오르는 시늉을 합니다). 어찌나 산이 깊고 험한지 나는 숨을 할딱거리면서(숨을 할딱거립니다) 계속 올라갔지. 큰 바위를 기어서 올라가고(바위를 타는 동작을 합니다), 넝쿨을 헤치고 깊은 산속으로 들어간 거야. 그 산에는 멧돼지들이 우글거려서 나는 총을 들고 사냥을 갔던 거지(총을 들고 쏘는 시늉을 합니다). 멧돼지가 숨어 있는 곳을 찾아 조심조심 다가갔어(손에 돋보기를 들고 땅을 샅샅이 뒤지는 흉내를 냅니다). 그런데 말이야 정말 산더미만 한(양손을 크게 벌립니다) 멧돼지가 고구마 밭에 들어가서 고구마 밭을 마구 파헤치면서 고구마를 캐 먹는 거 있지(멧돼지가 발로 땅을 파는 동작을 합니다). 고구마 밭은 쑥대밭이 되고 말았어. 그런데 정말 큰일이 벌어졌어. 멧돼지가 갑자기 나무 뒤에 숨어 있던 나를 본 거야.

나는 무서워서 온몸이 꽁꽁 얼어붙고 오들오들 떨었어(바들바들 떠는 시늉을 합니다).
멧돼지는 크게 꿀꿀하면서 나를 향해 씩씩하며 달려왔어. 어떡해. 나는 '걸
음아 나 살려라' 하고 도망을 쳤지. 멧돼지는 어찌나 빠른지 도망칠 수가 없
어서 근처 나무 위로 황급히 올라갔지(나무를 타는 동작을 합니다). 나에게 달려온 멧
돼지는 나무 밑에서 으르릉 대면서 뱅글뱅글 맴돌다가는 흉측한 이빨을 드
러내면서 머리를 나무기둥에 쾅쾅 박는 거야(머리로 박치기하는 시늉을 합니다). 나무가
흔들흔들(몸과 손을 모두 흔듭니다), 당장이라도 쓰러질 것 같아서 오줌을 쌀 정도로
겁이 났어. 정말 큰일났다. 난 어떡해. 근데 멧돼지가 잠시 한눈을 파는 순간
나는 나무에서 뛰어내려 막 도망치기 시작했어. 멧돼지가 도망치는 나를 보
고 씩씩 소리를 내며 따라왔어. 나는 절벽을 타고 내려와서(절벽을 타는 동작을 한다),
강으로 뛰어들어서 수영을 하고(수영하듯이 두 손을 흔들며 숨을 쉰다), 드디어 집으로 돌
아와서 문을 쾅 닫아버렸지. '휴우....' 이게 내가 겪은 멧돼지 사냥이야."

　지도자가 이런 식으로 요란하게 이야기를 들려주면 어린이들은 지도자의
동작을 그대로 따라 하면서 놀아봅시다. 어린이들 중에서 유난히 말을 잘하
는 이야기꾼이 나와서 할 수도 있습니다.

장미꽃과 나비

인원수: 20~30명

어린이들을 반씩 나누어서 장미꽃과 나비가 됩니다. 장미꽃이 된 어린이들은 60~90cm 정도 간격으로 흩어져서 그 자리에 쪼그리고 앉도록 합니다. 시작이 되면 나비들은 두 손을 나비의 날개처럼 팔락이면서 장미꽃 밭을 빠른 속도로 뛰며 날아다닙니다. 그러다가 지도자가 "그만" 하고 외치면 그 즉시 나비들은 그 자리에 서 있어야 하는데 이때 장미꽃들은 다리를 옮기지 않고 자기 근처에 있는 나비들을 손을 뻗어 잡습니다. 이렇게 하여 잡힌 나비들은 붙잡힌 그 자리에 앉아서 장미꽃이 됩니다. 이렇게 하여 나비들이 모두 잡힐 때까지 계속합니다.

겨울잠 자는 곰 찾기

인원수: 20~30명

울창한 숲속에서 하기에 꼭 알맞은 놀이입니다. 술래가 곰이 되어서 어린이들이 숫자 0에서 100을 세는 동안 은밀한 곳을 찾아가 숨습니다. 시작이 되면 어린이들은 흩어져서 곰을 찾아다니는데 곰을 발견한 어린이는 다른 친구들에게 이 사실을 알리지 말고 오히려 곰(술래)이 다시는 발각되지 않도록 꼭꼭 숨겨 주십시오. 즉 술래를 찾은 어린이는 곰이 보다 안전한 다른 곳으로 자리를 옮길 수 있도록 도와주는 것입니다. 이렇게 하여 결국 맨 마지막에 곰을 발견한 어린이 또는 끝까지 찾지 못한 어린이가 새 술래가 되어서 다시 해 봅시다.

토끼와 사냥꾼

인원수: 15~30명

토끼와 사냥꾼을 정하고 나머지 어린이들은 모두 손을 잡고 원대형으로 섭니다. 토끼는 원 안에 들어가 있고 사냥꾼은 원 밖에 서 있도록 합니다. 시작하면 사냥꾼은 토끼를 잡으려고 달려드는데 어린이들은 불쌍한 토끼가 잡히지 않도록 도와줍니다. 원을 그리고 서 있는 어린이들은 토끼가 쉽게 도망갈 수 있도록 손을 들어 통로를 만들어주는 대신, 사냥꾼은 쉽게 따라갈 수 없도록 손으로 막아주십시오. 토끼가 사냥꾼에 잡히면 다른 두 어린이와 교대하여 계속해 봅시다. 경우에 따라서는 토끼 한 마리에 사냥꾼 두 사람으로 할 수 있습니다.

새와 포유동물

인원수: 20~40명

까치와 까마귀 2(2-070번 참조)와 비슷한 놀이입니다. 8~10m 간격을 두고 평행선을 3개 긋습니다. 두 모둠으로 나누어 동물과 새가 되어서 중앙선에 1m 간격을 두고 마주보고 섭니다. 지도자가 새 이름(딱따구리, 부엉이, 참새 등)을 외치면 새 모둠 사람들은 동물 모둠들을 쫓아가고, 동물 이름(토끼, 고양이, 여우 등)을 외치면 동물들은 새들을 쫓아가서 안전선을 통과하기 전에 잡아야 합니다. 예를 들어 지도자가 "코끼리" 하고 외치면 코끼리는 동물이므로 새들을 쫓아가서 잡고, 반대로 새들은 재빨리 뒤로 돌아 자기편 안전선으로 도망갑니다. 안전선을 통과하기 전에 잡힌 어린이는 잡은 사람 편이 됩니다. 이렇게 하여 어느 모둠이 많이 잡는지 알아봅시다. 지도자는 동물이나 새 이름 대신 간간이 지렁이라든가 바퀴벌레 따위의 곤충 이름을 불러서 어린이들을 혼란스럽게 할 수 있습니다.

4-134

물고 물리고

준비물: 헌 신문지, 노끈(길이 40cm 정도, 인원수만큼)　**인원수:** 10~30명

10m 간격으로 평행선을 긋고 두 모둠이 마주보고 섭니다. 지도자는 두 모둠 사이에 서서 종이를 뭉쳐서 만든 공 40~50개를 중앙에 흩뿌려 놓습니다. 마지막으로 참가자 전원에게 길이가 40cm 정도 되는 노끈을 나누어주고 등 뒤 허리춤에 끼어서 꼬리처럼 달도록 합니다. 지도자가 시작 신호를 알리면 어린이들은 모두 달려들어서 땅바닥에 널려 있는 종이공들을 집어 가는데 이

때 꼬리(노끈)를 상대편 사람들에게 빼앗기지 않도록 조심해야 합니다. 종이 공들을 주워서 자기 진영으로 돌아온 다음, 공의 수와 빼앗은 노끈(빼앗긴 노끈)의 수를 가지고 점수를 계산해 봅니다. 계산하는 방법은 공은 개당 1점이고, 빼앗은 노끈은 3점입니다.

새 나라의 어린이

인원수: 20~30명

두 모둠으로 나누어 50cm 간격을 두고 서로 머리를 안쪽으로 놓고 땅바닥에 눕습니다. 그리고 한 모둠은 '동물'이 되고 다른 한 모둠은 '물고기'가 됩니다. 지도자가 두 모둠 사이에 서서 물고기 이름을 대면 동물 모둠은 벌떡 일어나서 자기편 안전지대로 도망가고, 물고기 모둠도 역시 잽싸게 일어나서 도망치는 동물 모둠 어린이들을 쫓아가 안전선을 넘어가기 전에 잡습니다. 잡힌 사람의 수만큼 점수를 얻게 되는데 미리 점수를 정하여 그 점수를 먼저 딴 모둠이 이깁니다. 인원수와 어린이의 연령에 따라 안전선의 거리를 적당히 조절하십시오.

문어들의 사냥

인원수: 20~40명

가로, 세로가 15~20m 정도 되는 사각형을 그리고 술래 두 어린이가 놀이터 안으로 들어갑니다. 나머지 어린이들은 한쪽 선 밖에서 정렬해 있다가 시작이 되면 반대편 선으로 달려갑니다. 이때 문어(술래)들은 길을 가로막으면서 달려오는 어린이를 손으로 쳐서 잡습니다. 잡힌 사람들은 새 술래가 되는데 이들은 잡힌 그 자리에 서서 움직일 수 없으며 다만 옆으로 지나가는 어린이들을 손으로 칠 수 있습니다. 이렇게 하여 누가 마지막까지 살아남는지 알아봅시다.

4-137

저 돼지 누구고

준비물: 눈가리개   **인원수:** 5~10명

어린이들이 눈가리개를 한 술래를 중심으로 손을 잡고 둘러섭니다. 시작이 되면 어린이들은 시계 방향으로 노래를 불면서 돌다가 술래가 "동작 그만" 하고 외치면 어린이들은 즉시 그 자리에 섭니다. 그리고 술래는 아무 방향이나 손가락으로 지적하여 "너 돼지 노래해"라고 말하면 지적받은 어린이는 술래가 누구인지 알아채지 못하도록 "꽥꽥꽥…" 돼지 멱따는 목소리로 노래를 부릅니다. 가령 '산토끼' 노래를 정하였다면 "산토끼 토끼야 어디를 가느냐" 란 가사 대신에 돼지 울음소리로만 노래를 부르는 것입니다. 이 노래를 듣고 술래는 그 어린이가 누구인지 알아맞혀야 합니다. 이렇게 하여 술래가 맞히면 술래는 바뀌게 되고 맞히지 못하면 그 술래는 다시 하도록 합니다. 이 놀이는 서로 잘 알고 있는 친구들끼리 즐길 수 있습니다.

오재미 훔치기

준비물: 오재미　**인원수:** 10~20명

같은 인원으로 두 모둠을 나누고 어린이들은 각기 고유번호를 가집니다. 지
도자가 숫자를 부르면 각 모둠에서 그 번호에 해당되는 어린이들이 달려 나
와 중앙 바닥에 놓여 있는 오재미를 잡아채서 제자리로 돌아와야 합니다. 오
재미를 안전하게 가지고 오면 그 모둠은 1점을 얻습니다. 반대로 상대편에
게 붙잡히면 붙잡은 모둠이 1점을 빼앗아갑니다. 오재미를 집었다가 놓친
경우에는 상대편에게 점수가 돌아갑니다. 두 주자들이 모두 오재미를 주워
서 도망치지 못한 경우에는 나머지 어린이들이 "무궁화 꽃이 피었습니다"를
외치고 이때를 틈 타 오재미를 주워 자기 진영으로 돌아와야 합니다. 이것도
실패하면 두 사람 모두 놀이에서 탈락하게 됩니다.

선녀와 요정

인원수: 10~20명

'요정'과 '선녀' 두 모둠으로 나눕니다. 3m 간격으로 선을 세 개 그린 후 요정들은 첫 번째 선에, 선녀들은 세 번째 선에 같은 방향을 바라보고 정렬합니다. 즉 선녀들은 요정들의 등을 보고 서 있게 되지요. 지도자가 중앙선 끝에 서서 시작을 알리면 선녀들은 요정을 향하여 살금살금 다가갑니다. 이때 열 맨 끝에 서 있는 요정만이 뒤를 돌아볼 수 있는데, 선녀들이 중앙선을 넘어 들어오면 아무 때나 "잡아라" 하고 외칠 수 있습니다. 선녀들은 놀라 선 밖 자기 진영으로 도망가고 요정들은 선녀들을 쫓아가서 잡도록 합니다. 잡힌 선녀들은 요정이 되며, 같은 방식으로 두 모둠이 역할을 바꾸어서 해봅니다.

한밤중에 도둑

준비물: 눈가리개, 잡동사니 물건들(지갑, 손수건, 열쇠, 연필, 가방 등)　　**인원수:** 15~30명

두 모둠으로 나누어서 반원씩 차지하고 앉습니다. 직경 2m 정도의 원을 방 중앙에 그리고 그 안에 수비 모둠에서 한 어린이가 나와 눈가리개를 하고 앉습니다. 그런 다음 지갑, 손수건, 열쇠, 연필, 가방 등과 같은 물건들을 원 안에 흩어 놓습니다. 시작이 되면 공격 모둠에서 한 어린이가 나와서 원 안에 들어 있는 물건들을 몰래 살짝 훔쳐 가는데, 이때 눈가리개를 한 원 안의 술래는 물건을 도둑맞지 않도록 지키면서 그 어린이를 손으로 쳐서 잡아야 합니다. 수비 모둠 어린이들은 도둑의 위치를 말로 알려줌으로써 물건이 도둑맞지 않도록 하고 도둑을 잡을 수 있도록 술래를 도와줍니다.

4-141

콩 다섯 알

준비물: 콩 또는 땅콩　**인원수:** 10~30명

어린이 모두에게 콩(또는 땅콩)을 다섯 개씩 나누어주고 시작이 되면 돌아다니면서 마주치는 친구와 이야기를 나누도록 합니다. 이때 대화 중에 "예", "아니오"라고 대답해서는 안됩니다. 그러면 "예", "아니오"를 말한 어린이는 상대방에게 콩을 한 개 받게 됩니다. 이렇게 하여 가지고 있는 콩을 빨리 없애는 놀이입니다.

총, 사람, 호랑이

인원수: 10~30명

두 모둠으로 나누고 마주보고 앉습니다. 상대 모둠이 눈치채지 못 하도록 은밀히 의논하여 총, 사람, 호랑이 중에서 한 가지를 정합니다. 어린이는 수염을 쓰다듬는 동작을 하면서 "에헴" 하고, 호랑이는 두 손을 치켜들고 "어흥", 마지막으로 총은 두 손으로 총을 쏘는 시늉을 하며 "탕" 하고 외칩니다. 총은 호랑이를, 어린이는 총을, 호랑이는 어린이를 이깁니다. 말로 결정하기보다는 손을 등 뒤로 잡고 옆 사람의 손을 주먹 쥐어서(총은 1번, 어린이는 2번, 호랑이는 3번 쥔다) 알릴 수도 있습니다. 이 놀이는 세 모둠으로도 나누어서 할 수 있습니다.

자리 차지하기

준비물: 의자 또는 방석(인원수만큼)　**인원수:** 15~30명

술래를 제외한 모든 어린이들은 원대형으로 의자에 앉습니다. 빈 의자는 원 밖으로 치우고 의자에서 모두 일어나도록 합니다. 지도자(술래)가 어린이들과 함께 노래를 부르면서 원을 돕니다. 그러다가 술래가 갑자기 "앉아라!" 하고 외치면 어린이들은 근처에 있는 의자로 달려가 잽싸게 앉습니다. 이때 술래도 의자에 앉아야 하므로 1명이 의자에 앉지 못하게 됩니다. 그 어린이가 술래가 되어서 다시 시작합니다. 술래가 "앉아라!" 하고 외치는 대신에 꽹과리나 쟁반 같은 물건을 쳐서 신호를 보낼 수 있습니다. 또한 술래가 박수를 한 번 치면 그냥 넘어가고, 두 번 연속으로 치면 의자에 앉도록 하여 혼란을 가중시켜도 재미있습니다.

가로지르기

인원수: 20~30명

두 어린이가 쫓고 쫓기는 사람이 됩니다. 시작이 되면 두 사람 사이로 한 사람이 가로질러 가면 쫓아가는 어린이는 원래 쫓던 사람을 포기하고 그 대신 자기 앞을 가로질러서 간 사람을 잡아야 합니다. 이렇게 서로 살려주고, 살고 하면서 계속하다가 술래에게 잡힌 사람이 나오면 그 사람이 다시 술래가 됩니다.

알까기

인원수: 20~60명

직경 15~20m의 원을 그리고 모두 원 안으로 들어갑니다. 세 모둠으로 나누고 〈가〉 모둠이 술래가 됩니다. 시작이 되면 술래 모둠은 〈나〉와 〈다〉 모둠 사람들을 쫓아다니면서 붙잡습니다. 붙잡힌 사람은 그 자리에서 다리를 크게 벌리고 서 있어야 합니다. 그러나 살아 있는 사람이 잡힌 사람의 다리 사이를 기어서 빠져 나가면 술래에게 잡힌 사람은 다시 살게 됩니다. 이렇게 하여 모두 잡으면, 〈나〉 모둠이 잡으러 다니고 〈가〉와 〈다〉 모둠은 도망을 칩니다. 각각 시간을 재어서 어느 모둠이 가장 먼저 잡는지를 겨루어 봅시다.

여우 꼬리

준비물: 노끈(길이 1.5m) **인원수:** 15~30명

술래 한 사람이 여우가 되고 다른 사람들은 한 변이 10m 정도인 정방형의 놀이터에 흩어져 서 있습니다. 여우는 길이가 1.5m 정도 되는 노끈을 등 뒤 허리춤에 끼웁니다. 시작이 되면 여우는 사람들을 쫓아가서 손으로 치는데 잡힌 사람은 그 즉시 몸이 굳어버려 꼼짝할 수 없습니다. 이렇게 여우가 사람들을 잡으러 다닐 때 어떤 사람이 용감하게도 여우의 뒤로 다가가서 꼬리를 낚아채면 그 사람이 여우(술래)가 되고 그때까지 잡혀서 몸이 굳어버린 사람들이 다시 살아나게 되지요. 그 대신 꼬리를 빼앗긴 여우가 몸이 돌덩이가 되고, 꼬리를 다시 매단 여우(새 술래)가 다시 사냥을 떠납니다.

다람쥐와 밤

준비물: 밤(또는 분필)

어린이들은 듬성듬성 떨어져서 의자에 앉아 눈을 감고 한 손은 앞으로 내놓고 들고 있도록 합니다. 시작이 되면 술래는 다람쥐가 되어서 돌아다니다가 밤(분필)을 한 사람의 손바닥에 떨어뜨립니다. 이렇게 밤을 받은 어린이는 눈을 떠서 술래를 쫓아가서 잡아야 하고 술래는 도망을 쳐서 자기를 잡으러 쫓아오는 어린이가 앉았던 의자에 앉습니다. 술래가 빈 의자에 무사히 앉으면 쫓아오던 어린이가 새 술래가 되고, 잡히면 다시 술래를 해야 합니다.

쥐새끼를 잡아라

인원수: 20~30명

두 모둠 중에서 한 모둠이 쥐덫이 되어서 원 대형으로 손을 잡고 둘러섭니다. 나머지 한 모둠은 쥐들이 됩니다. 쥐덫이 된 어린이들은 옆 사람들과 잡은 손을 들고 있도록 하는데 이때에는 쥐들은 마음대로 그 아래로 들락날락거릴 수 있습니다. 그러다가 지도자가 "잡아라" 하고 외치면 쥐덫이 된 어린이들이 들고 있던 손을 급히 내려놓습니다. 이렇게 하여 원 안에서 빠져 나오지 못한 어린이는 쥐덫에 걸려서 붙잡힙니다. 잡힌 어린이들은 쥐덫이 되며 마지막 쥐가 잡힐 때까지 계속합니다. 모두 잡히면 쥐덫과 쥐들이 역할을 바꾸어서 같은 방법으로 다시 해봅시다.

4-149

돌아 돌아

인원수: 20~30명

모두 손을 잡고 둥글게 둘러앉고 술래가 원 밖에 서 있도록 합니다. 시작이 되면 술래는 원 밖을 어슬렁거리다가 손으로 잡고 있는 손목을 치면 두 어린이는 즉시 자리에서 일어나 서로 반대 방향으로 달려서 제자리로 돌아와 앉아야 합니다. 이때 술래는 그 자리에 여유 있게 앉을 수 있으므로 빨리 돌아온 한 사람만이 제자리를 차지할 수 있게 되고, 나머지 어린이가 새 술래가 됩니다. 제자리에 되돌아갈 가능성이 없을 때는 달리던 중에 다른 사람들의 손목을 칠 수도 있습니다. 그렇게 되면 한꺼번에 4명의 어린이가 달리게 됩니다.

연못의 개구리

인원수: 8~10명

개구리(술래)는 원 중앙에 앉아 있습니다. 어린이들은 개구리에게 다가가서 "연못에 사는 개구리야, 날 잡아봐라" 하고 개구리를 손으로 탁 치고 도망갑니다. 그러면 개구리는 일어나 그중에 한 어린이를 잡습니다. 이렇게 하여 잡힌 어린이는 또 다른 개구리가 되어서 술래와 함께 원 중앙에 앉습니다. 4명의 어린이가 잡힐 때까지 계속하다가 처음에 잡힌 어린이가 새 술래가 되어서 다시 해봅시다.

돌멩이

인원수: 10~12명

'돌멩이'가 된 술래 주위를 어린이들이 깡충깡충 뛰어다니는데 술래는 가만히 앉아 있습니다. 돌멩이가 팔짝 뛰어서 일어나면 어린이들은 양편의 안전선 밖으로 달아나고 돌멩이는 이들을 쫓아갑니다. 안전선 밖으로 도달하기 전에 잡힌 어린이는 또 다른 '돌멩이'가 되어서 놀이터 중앙에 술래 곁에 쪼그리고 앉습니다. 나머지 어린이들은 다시 이들 주위를 돕니다. 첫 번째 돌멩이가 자리를 뜨기 전에는 다른 술래들이 먼저 일어날 수 없습니다. 모든 어린이들이 잡힐 때까지 반복합니다.

곧바로 치기 타구

준비물: 야구공, 막대기(2개 이상)   **인원수:** 10~20명

두 모둠으로 나누고 각 모둠에서 1명씩 나와 마주보고 섭니다. 순서를 정하여 시작점에 공을 놓고 공채(스틱)로 공을 찹니다. 점수는 첫 번째 구덩이(구덩이)에 공이 들어가면 1점, 가장 멀리 떨어진 열 번째 구덩이에 들어가면 10점을 얻습니다. 공은 두 번씩 치는데 공이 구덩이에 들어가면 그에 해당하는 점수를 더 얻게 됩니다. 각 편에서 한 사람씩 돌아가며 하고 점수를 합산하여 어느 편이 더 많은 점수를 얻는지 겨루어 봅시다.

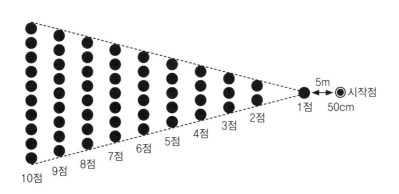

231

돌아오기 타구

준비물: 야구공, 막대기(인원수만큼)　　**인원수:** 4~6명

시작점에서 공을 쳐서 첫 구뎅이로부터 마지막 구뎅이까지 공을 최대한 빨리 넣어서 돌아오는 놀이입니다. 4~6명의 어린이들이 순서를 정한 다음 첫번째 어린이가 시작점에 공을 놓고 공채로 쳐서 첫 번째 구뎅이에 공을 넣습니다. 공을 집어넣지 못하면 다음 어린이가 하게 되는데 차례가 다시 돌아오면 공이 있던 자리에서 시작하도록 합니다. 이렇게 하여 누가 가장 먼저 시작점으로 돌아오는지 겨루어 봅시다. 돌아오기 타구는 2~3명씩 편을 만들어서 할 수 있습니다.

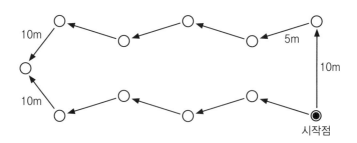

100점 따기 타구

준비물: 야구공, 막대기 **인원수:** 4~6명

이 놀이에서도 공을 치는 방법은 같으며, 다만 그림과 같이 점수가 각기 다른 구뎅이에 공을 넣어서 누가 가장 먼저 100점을 얻는지 겨루어 보는 놀이입니다.

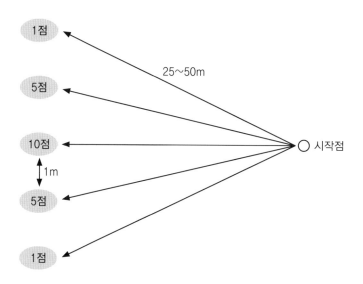

233

4-155

산가지 놀이

준비물: 산가지   **인원수:** 2~5명

옛날 옛적 우리 조상들이 수를 셈할 때 쓰던 작은 막대기를 산가지라고 하는데 이를 가지고 즐기던 놀이입니다. 한 사람이 산가지를 한 줌 쥐고 방바닥이나 식탁 위에 흩뿌려 놓습니다. 그런 다음 나머지 사람이 순서를 정하여 돌아가며 누가 산가지를 더 많이 가져가는지를 겨루는 놀이입니다. 산가지

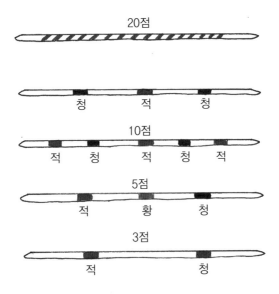

를 하나씩 조심스럽게 잡는데 다른 산가지를 건드려서 움직이지 않게 하여 가져갑니다. 그러다가 산가지가 하나라도 움직이게 되면 그 사람은 죽게 되고, 무사하게 집으면 죽을 때까지 계속합니다. 간단한데도 박진감이 넘치는 놀이랍니다. 산가지를 집는 사람은 이미 가져간 가지를 지렛대나 젓가락처럼 사용할 수 있습니다. 다른 가지를 건드리면 다음 사람으로 순서가 넘어갑니다.

산가지는 길이가 15cm 정도로 가늘고 곧은 대나무로 만들 수 있으며 점수는 다섯 가지 종류(20점, 10점, 5점, 3점, 2점)가 있습니다. 20점짜리 산가지는 2개, 10점짜리 산가지 5개, 5점짜리 9개, 3점짜리 12개, 2점짜리 12개 정도가 적당합니다. 산가지는 어묵 꼬치나 이쑤시개로도 만들 수 있으며 점수에 따라 산가지의 모양과 색깔을 달리 하는 것이 좋습니다. 마지막으로 어린이들은 각자 자기가 가져온 산가지들의 점수를 더해 보고 누가 가장 점수를 많이 얻었는지 알아보도록 합니다.

북한 어린이들은 산가지 놀이를 조금 다르게 하고 있습니다. 가위바위보로 순서를 정하고 맨 처음 하는 어린이가 왼손에 산가지 묶음을 쥐고 한쪽 끝을 땅에 대고 세웁니다. 오른손으로는 왼손에 잡고 있는 산가지 묶음 중에서 산가지 하나를 뽑아 집습니다. 오른손에 쥔 산가지 끝으로 하나를 꾹 누르는 상태에서 왼손을 펴서 산가지들이 흩어지게 합니다. 그런 다음 오른손에 잡고 있던 산가지로 흩어진 산가지를 하나씩 떼어냅니다. 왼손에 잡고 있던 산가지들이 흩어질 때 오른손으로 누르고 있던 산가지도 함께 쓰러지면 다음 사람에게 차례가 넘어갑니다. 따라서 오른손에 쥔 산가지 끝으로 누르고 있던 산가지는 서 있는 상태에서 나머지 산가지들이 많이 흩어지도록 해야 합니다. 산가지를 하나씩 떼어낼 때 다른 산가지들이 조금이라도 움직이면 다음 사람에게 차례가 넘어갑니다. 이렇게 하여 누가 산가지를 가장 많이 가져가는지를 겨루는 놀이입니다.

비석치기

준비물: 말(조약돌, 기와조각 등)　**인원수:** 4~6명

비석치기는 지방에 따라서 '말치기', '비껴치기', '자새치기', '돌치기' 등 여러 가지로 불리고 있습니다. 비석치기는 두 사람 또는 여러 모둠을 나누어서 할 수 있습니다. 먼저 적당한 거리(4~6m 정도)를 띄어 선을 그은 후 가로, 세로가 각 10cm 정도의 기와 조각이나 납작한 조약돌(말)을 한 개씩 구해옵니다. 공격과 수비를 정하여 수비는 선에 말을 세웁니다. 말을 던지는 방법은 매우 다양해서 처음에는 선 채로 던지지만, 방법이 점점 어려워집니다. 즉 발등에 말을 올려놓고 세워져 있는 말을 쓰러뜨리기, 발이나 원 안 사이에 말을 끼우고 간 다음 떨어뜨려서 넘어뜨리기, 말을 던져 놓고 앙감질로 뛰어가 발로 차서 맞히기, 말을 배 위, 어깨 위에 얹어놓고 떨어뜨려서 넘어뜨리기(소위 떡장수), 말을 허리에 싣고 뒷걸음질 쳐 가서 떨어뜨리기, 고개를 옆으로 젖혀서 말을 뺨에 얹어 놓고 걸어가 떨어뜨려서 맞히기 등이 있습니다.

　북한에서는 비석치기를 '비사치기'라고 하는데 비사치기는 놀이에 쓰이는 둥글납작한 돌을 곧바로 날려 보내지 않고 사선으로 날려 보내어 친다는 데서 유래하였다고 합니다. 비사치기는 10cm, 두께는 3~5cm 정도의 돌멩이를 사용합니다. 과녁 돌은 높이 20cm, 직경 10~15cm 정도의 땅에 세울 수 있는 돌을 사용합니다. 놀이를 하기 위하여 먼저 10m 정도의 거리를 사이에 두고 두 편이 마주보고 섭니다. 그리고 중간지점에 과녁 돌을 세워 놓으면 됩니다. 말은 두 편에서 하나씩 가집니다. 두 편의 주장들이 나와서 말 한쪽에 연필로 표식을 하고 머리 높이로 던져서 표식이 보이는 쪽이 먼저 하기로 합니다. 놀이는 두 편에서 1명씩 엇바꾸어가면서 합니다.

첫 번째 어린이는 시작점에서 선 채로 말을 던져서 과녁 돌을 넘어뜨리는 것입니다.

두 번째는 시작점(출발점)에서 세 걸음 걸어나와 선 다음 말을 손에 쥐고 뒤로 돌아서 다리를 벌린 상태에서 두 다리 사이로 말을 던져 과녁 돌을 넘어뜨립니다.

세 번째는 시작점에서 말을 쥐고 세 걸음 앞으로 걸어나간 다음 말을 땅 위에 놓고 발로 차서 과녁 돌을 넘어뜨립니다.

네 번째는 말을 발등에 올려놓고 다섯 걸음 앞으로 걸어나가서 발등으로 말을 날려 보내어 과녁 돌을 맞추어 넘어뜨립니다.

다섯 번째는 말을 두 발 사이에 끼우고 두 발로 말을 날려 보내 과녁 돌을 넘어뜨립니다.

여섯 번째는 말을 두 발 사이에 끼우고 두 발 모두 뛰기로 일곱 걸음 앞으로 나가서 두 원 안으로 말을 날려 보내 과녁 돌을 맞힙니다.

일곱 번째는 말을 겨드랑이에 끼고 여덟 걸음 앞으로 걸어나가서 겨드랑이에 있는 말을 떨어뜨려 과녁 돌을 넘어뜨립니다.

여덟 번째는 말을 어깨 위에 올려놓고 앞으로 아홉 걸음 걸어나가서 어깨로 말을 떨어뜨려 넘어뜨립니다.

아홉 번째는 말을 머리 위에 이고 열 걸음 걸어나가서 머리 위의 말을 떨어뜨려서 맞추어 넘어뜨립니다.

열 번째는 가장 어려운데 말을 목 등에 올려놓고 뒷걸음질로 열 걸음 걸어나가서 말을 떨어뜨려 넘어뜨립니다.

열한 번째는 말을 손에 쥐고 눈을 감은 채로 앞으로 걸어나가서 말을 던져 과녁 돌을 넘어뜨려야 합니다.

이렇게 열한 가지 방법으로 두 편 어린이들이 엇바꾸어가면서 즐깁니다. 과녁 돌을 넘어뜨린 어린이는 계속하고, 넘어뜨리지 못하면 다음 어린이들이 이어서 하도록 하며 과녁 돌을 맞히면 1점, 넘어뜨리면 2점을 얻게 됩니다.

4-157

월화수목금토일

준비물: 줄넘기 줄   **인원수:** 14명

북한 어린이들이 7명씩 두 모둠으로 나누어서 하는 줄넘기입니다. 한 모둠의 두 어린이가 줄 양 끝을 잡고 줄을 돌리면 다른 모둠의 첫 번째 어린이가 줄 안으로 들어가면서 "월" 하고 외치면서 한 번 넘고 오른쪽으로 빠져 나갑니다. 그러면 뒤를 이어서 다음 어린이가 줄줄이 같은 방법으로 "화", "수", "목", "금", "토", "일"까지 합니다. 줄에 걸린 어린이는 줄 밖으로 나오도록 하며 이렇게 두 모둠이 역할을 바꾸어서 해보고 어느 모둠이 더 많이 했는지 겨루어 보는 줄넘기입니다.

손 자치기

준비물: 어미자(길이 60cm 정도), 새끼자(길이 10~15cm 정도) **인원수:** 4~10명

직경 1m 정도 되는 원에 그림과 같이 숫자를 써 놓습니다. 이때 큰 숫자의 칸은 좁게 만듭니다. 두 모둠으로 나눈 다음 공격 모둠이 먼저 3m 정도 떨어진 금 밖에 새끼자를 원 안으로 던져서 새끼자가 들어간 칸의 숫자만큼 어미자로 새끼자를 칠 수 있습니다. 새끼자가 닿았거나 원 밖으로 나가면 그 사람은 탈락하게 됩니다. 새끼자의 끝을 쳐서 공중에 튕겨 오른 새끼자를 어미자로 때리는데, 숫자 수만큼 때려서 날아간 새끼자의 거리를 목측으로 공격자

241

가 말합니다. 이때 이를 상대편이 인정하면 그 숫자만큼 득점하게 되고, 너무 많은 것 같으면 수비자가 어미자로 직접 재어봅니다. 이때 부른 숫자보다 많거나 같으면 점수를 얻게 되지만 적으면 점수를 잃게 됩니다. 이와 같은 방법으로 공격과 수비를 교대하여 진행합니다.

북한 어린이들도 자치기를 즐기고 있습니다. 평안도에서는 '도둑떼기', 함경도에서는 '메뚜기치기'라고 부릅니다. 북한에서는 어미자를 '메뚜기 채', '긴자', '큰자'로 부르며, 새끼자를 '메뚜기', '알', '작은 자'라고 부릅니다. 메뚜기 모양은 양쪽을 톱으로 자른 토막메뚜기, 토막메뚜기를 한쪽만 경사지게 깎은 외면메뚜기, 양 끝을 연필처럼 깎은 량면메뚜기 등 세 가지가 있습니다.

자치기 놀이를 위해서 직경 30cm의 동그라미와 그 안에 직경 7cm 정도의 갸름한 구뎅이를 하나 파두는데, 이를 함정이라고 하고 동그라미를 진지라고 부릅니다. 놀이를 시작하기 전에 어린이들은 몇 동을 낼 것인지 정합니다. 동이란 메뚜기를 치는 어미자의 한 기장을 말합니다. 다시 말하면 자의 길이가 한 동입니다. 어린이들은 천 동 또는 이천 동을 정한 다음 편을 갈라서 공수를 정합니다. 먼저 메뚜기를 치는 편이 포수 편이고, 메뚜기를 받는 편이 범 편이라고 합니다.

알 맞혀 먹기

준비물: 구슬　**인원수:** 2명

이 놀이는 구슬치기①과 놀이 방법이 같습니다. 두 어린이가 가위바위보로 순서를 정하고 이긴 어린이가 알치기 준비를 하고 섭니다. 진 어린이가 그로부터 5m 거리에 알을 놓습니다. 그러면 이긴 어린이가 알을 겨누어서 자기 알을 던져 맞힙니다. 알을 맞히면 맞힌 알을 가지게 되고, 맞히지 못하면 알이 굴러간 자리에 그대로 놓아두고 다음 어린이가 다시 맞힙니다. 이렇게 하여 둘 중에 한 어린이가 알을 맞힐 때까지 번갈아가며 계속합니다.

강꼬니

인원수: 2명

북한 어린이들은 고누를 꼬니라고 하지요. 여기에 북한 어린이들이 즐기는 고누(꼬니)를 몇 가지 소개합니다. 강꼬니는 그림처럼 말을 두 개씩 놓고 합니다. 그림에 ⊙로 표시된 곳은 큰 강물이 흘러서 말들이 건너지 못하며, ①과 ④에 있는 말들을 먼저 움직일 수 없습니다. 그러므로 처음에는 ②나 ③의 말들을 ⑤에 놓는 것으로 시작하며 다음부터는 상대방의 말을 움직이지 못하도록 길을 막습니다. 상대방 말을 한쪽으로 몰아서 자기 말을 ②와 ⑤ 또는 ③과 ⑤에 놓아서 상대방 말이 움직일 수 없도록 하는 사람이 이깁니다.

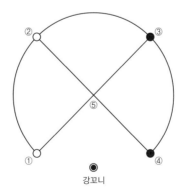

강꼬니

244

포위꼬니

포위꼬니는 그림과 같이 두 사람이 말을 7개씩 놓고 한 발씩 움직이면서 상대방의 말을 꼼짝 못하도록 포위하여 잡아가는 놀이입니다. 이 꼬니는 두 개의 말을 가지고는 상대방의 말을 포위할 수 없으므로 7개의 말 중에서 5개의 말을 잡으면 이기게 됩니다.

포위꼬니는 말을 6개, 9개, 12개를 가지고 놀기도 합니다. 이 꼬니들은 도형과 말을 놓는 방법이 다를 뿐 놀이 방법은 같습니다. 6개의 말을 가지고 노는 꼬니는 4개의 말을 잡힌 사람이 지게 됩니다.

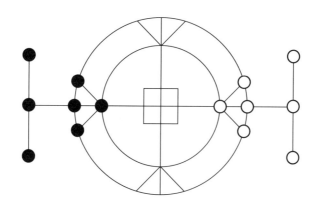

찾아보기